So wird Ihr Kind sauber

DORLING KINDERSLEY

DORLING KINDERSLEY
London, New York, München, Melbourne, Delhi

Text von Tracey Godridge
Für Cora, Eden und Noah

Lektorat Julia North, Salima Hirani
Bildredaktion Hannah Moore
Projektbetreuung Esther Ripley
Bildbetreuung Ann Burnham
DTP-Design Karen Constanti
Herstellung Heather Hughes
Cheflektorat Anna Davidson, Liz Coghill
Chefbildlektorat Glenda Fisher
Leitung Bildlektorat Sally Smallwood
Fotografie Ruth Jenkinson

Programmleitung Corinne Roberts

Für die deutsche Ausgabe:
Programmleitung Monika Schlitzer
Projektbetreuung Kerstin Uhl
Herstellungsleitung Dorothee Whittaker
Covergestaltung Anna Strommer

Bibliografische Information Der Deutschen Bibliothek
Die Deutsche Bibliothek verzeichnet diese Publikation in der deutschen Nationalbiografie; detaillierte bibliografische Daten sind im Internet über http://dnb.ddb.de abrufbar.

Titel der englischen Originalausgabe:
Potty Training

Übersetzung Felizitas Knospe
Redaktion Jeanette Stark-Städele
Satz Julia Mayer-Schlagintweit

ISBN 3-8310-0689-X

Printed and bound in Singapore by Star Standard

Besuchen Sie uns im Internet
www.dk.com

Vorwort

Das kostbarste Geschenk für Eltern ist ihr Baby. Und für das Kind sind die Eltern der Mittelpunkt der Welt. Indem Eltern ihren Gefühlen und grundlegenden Instinkten folgen, wenn sie das Kind versorgen, es berühren, halten und mit ihm sprechen, bieten sie ihm den idealen Start in ein glückliches und gesundes Leben. Diese Buchreihe unterstützt Eltern darin, ihr Kind liebevoll zu erziehen und ihm viel Nähe und Geborgenheit zu geben, so dass sich zwischen Kind und Eltern eine tiefe und emotionale Verbundenheit entwickeln kann.

Für Eltern gibt es keine allgemein gültige Anleitung, die eine gelungene Erziehung und Entwicklung ihres Kindes sowie eine ideale Beziehung zu ihrem Kind garantiert. Dennoch fühlen sich viele Erwachsene in ihrer Mutter- oder Vaterrolle wohler, wenn sie sich über spezielle Aufgaben, Situationen und Verhaltensweisen im Umgang mit ihrem Kind ganz individuell informieren können.

Diese Buchreihe stellt professionell und fachlich fundiert die wichtigsten Themen vor, mit denen Eltern bei der Babypflege und bei der weiteren Entwicklung des Kindes konfrontiert werden.

Beim Lesen dieses Buches sollten Sie sich einer Sache ganz bewusst sein: Sie kennen Ihr Baby besser als jeder andere. Indem Sie beobachten, zuhören und Ihren eigenen Fähigkeiten vertrauen, werden Sie erkennen, wie Sie die Informationen, die Sie hier erhalten, zum Vorteil Ihres Babys und dessen gesunder Entwicklung ein- und umsetzen können.

Inhalt

» Bevor mein Sohn zweieinhalb war, **dachte ich noch nicht einmal** daran, ihn aufs Töpfchen zu setzen. Als wir den Schritt dann wagten, war er **in wenigen Tagen trocken.** «

ELISABETH, Mutter von Max, drei Jahre alt

1

Die Entwicklung Ihres Kindes

Wenn das Windelalter zu Ende geht, wird deutlich, wie schnell Ihr Kind heranwächst. Doch dieser Schritt ist erst möglich, wenn das Gehirn so weit entwickelt ist, dass es Darm und Blase kontrollieren kann – irgendwann zwischen 18 und 36 Monaten – und Ihr Kind eine gewisse emotionale und körperliche Reife erworben hat.

Voraussetzungen

Vermutlich können Sie es kaum erwarten, Ihr Kind aufs Töpfchen zu setzen! Ein Leben ohne Windeln erspart Ihnen eine Menge Arbeit und Geld! Doch dazu muss Ihr Kind körperlich und emotional bereit sein – es gibt nichts, wodurch sich dieser Prozess beschleunigen ließe.

Bisher erfolgte die Entleerung von Blase und Darm automatisch als Reflexhandlung, sobald ein Gefühl des Drucks entstand. Ihr Kind wird sich des Vorgangs der Blasen- und Darmentleerung erst bewusst, wenn die Nervenbahnen von der Blase und vom Darm zum Gehirn vollständig ausgereift sind. Dies ist normalerweise um den 18. Lebensmonat herum der Fall.

Doch damit ist Ihr Kind noch keineswegs in der Lage anzukündigen, dass es bald Darm und Blase entleeren muss – erst mit der Zeit wird es den Harn- und Stuhldrang spüren, erkennen und deuten lernen. Dann muss es noch lernen, dieses Bedürfnis aufzuschieben. Dies ist normalerweise mit etwa zweieinhalb Jahren, manchmal etwas früher oder später, möglich.

Fertigkeiten beherrschen

Es ist ein wichtiger Schritt nach vorn, ein Gefühl für die Darm- und Blasenkontrolle zu gewinnen. Aber Ihr Kind muss auch willens und in der Lage sein, ein Töpfchen zu benutzen. Wie alle anderen Fertigkeiten wird es die Sauberkeitserziehung auf die ihm eigene Art und in dem ihm eigenen Tempo meistern. Manche Kleinkinder werden sehr schnell sauber und es passiert ihnen nur selten ein »Unfall«, während die Mehrheit Fehlstarts und Rückschläge zu verkraften hat.

Bereit sein

Ihr Kleinkind muss viele körperliche, sprachliche und emotionale Fertigkeiten beherrschen, ehe die Sauberkeitserziehung gelingen kann.

Expertentipp

Der Erwerb der Blasen- und Darmkontrolle ist stark genetisch mitbestimmt. Wenn Sie Anhaltspunkte suchen, wann Ihr Kind reif dazu ist, fragen Sie Ihre Eltern, wann Sie selbst (oder Ihr Partner) sauber geworden sind.

- **Es »anhalten« können** Wenn Ihr Kind tagsüber bereits längere Zeit ohne Wasserlassen auskommt, verfügt es vermutlich über eine gewisse Blasenkontrolle. Die Sauberkeitserziehung ist wenig sinnvoll, solange es noch fast jede Stunde die Windel einnässt. Wie weit es ist, können Sie an den Windeln erkennen. Eine gute erste Voraussetzung ist es, wenn die Windel nach zwei Stunden noch trocken ist.
- **Sich des Ausscheidungsprozesses bewusst sein** Beobachten Sie sein Gesicht: Unterbricht es sein Spiel, steht es still, schaut es Sie an, wird es rot im Gesicht? Versucht es Ihnen

Reif für das Töpfchentraining?

Nur Ihr Kind kann Ihnen sagen, ob es für das Töpfchentraining bereit ist oder nicht. Es drückt sich vielleicht nicht mit Worten aus – aber durch genaue Beobachtung sollten Sie aussagekräftige Anzeichen erkennen können. Viele Kinder erreichen dieses Stadium zwischen 18 und 24 Monaten – viele andere aber erst ein paar Monate später.

Die Signale erkennen

Um den zweiten Geburtstag Ihres Kindes herum werden Sie über die Sauberkeitserziehung nachdenken. Aber tut es Ihr Kind auch? Es gibt viele verschiedene Anzeichen dafür, dass Ihr Kind bereit dazu ist – anhand der folgenden Liste können Sie feststellen, ob der Zeitpunkt für einen ersten Versuch passend ist oder nicht.

★ Ihr Kind bleibt tagsüber mindestens zwei Stunden lang trocken oder hat nach dem Mittagsschlaf eine trockene Windel.

★ Sein Stuhlgang ist ziemlich regelmäßig.

★ Seine Windel ist beim Wickeln oft noch trocken – das beweist, dass es längere Zeit ohne Wasserlassen auskommt.

★ Es ist sich des Ausscheidungsprozesses bewusst.

★ Es verfügt über ein verhältnismäßig gutes Koordinationsvermögen; es kann bequem auf dem Töpfchen sitzen und die Hose hoch- und herunterziehen.

»WAS MACHST DU DA, MAMA?«
Wenn Ihr Kind interessiert zusieht, wie Sie auf die Toilette gehen, ist dies ein deutliches Anzeichen dafür, dass es bald aufs Töpfchen gehen kann.

DAS BEDÜRFNIS NACH SELBSTSTÄNDIGKEIT

Mit zunehmendem Alter strebt Ihr Kind nach immer mehr Selbstständigkeit. Es will vieles selber machen, z.B. allein den Mantel anziehen. Nun können Sie in Erwägung ziehen, es auch aufs Töpfchen zu setzen.

ANWEISUNGEN BEFOLGEN

Wenn Ihr Kind in der Lage ist, einfache Anweisungen auszuführen, ist dies ein weiteres Zeichen dafür, dass es für die Sauberkeitserziehung alt genug ist.

★ Es interessiert sich dafür, wenn Sie auf die Toilette gehen.

Weitere Hinweise auf die erforderliche Reife:

★ Es kann einfache Anweisungen befolgen.

★ Es will vieles selber machen.

★ Es will Ihnen Freude machen und Sie imitieren.

★ Es zeigt den Wunsch nach Unabhängigkeit.

Sie müssen nicht jeden Punkt aus dieser Liste berücksichtigen, um mit dem Töpfchentraining zu beginnen. Bevor Sie den Schritt wagen, sollte Ihr Kind jedoch spüren, dass es Darm und Blase entleert, und Interesse daran haben, es den Erwachsenen gleichzutun.

Ihr Kind ist noch nicht bereit,

★ wenn es jünger als 18 Monate ist,

★ wenn es noch keine Vorstellung davon hat, was geschieht, wenn es Darm oder Blase entleert,

★ wenn es noch nicht den Wunsch hat, Sie nachzuahmen,

★ wenn es sich Ihren Anweisungen widersetzt.

Expertentipps

Machen Sie Ihr Kind ganz zwanglos mit dem Thema vertraut.

- Wenn Sie seine Windel wechseln, verwenden Sie einfachen Worte, z. B. »Pipi machen« und »Aa machen«.
- Bleiben Sie im Hinblick auf volle Windeln sachlich.
- Verbieten Sie älteren Kindern, abfällige Kommentare abzugeben.
- Lassen Sie Ihr Kind zuschauen, wie Sie auf die Toilette gehen.

»Mit etwa zweieinhalb Jahren wurde es Alex allmählich bewusst, wenn er Blase oder Darm entleerte. Oft kam er und sagte es mir. Mir wurde schnell klar, dass jetzt der richtige Zeitpunkt gekommen war und er die Windeln gegen Unterhöschen eintauschen konnte.«

SUSANNE, Mutter von Alex, drei Jahre alt

mitzuteilen, was geschieht? Wenn es kein Höschen trägt und auf die Pfütze schaut, die es hinterlassen hat, und dabei seinen Körper berührt, beweist dies ebenfalls, dass es eine Verbindung zwischen seinen Körperempfindungen und dem »Ergebnis« herstellt.

- **Koordination** Sehr kleinen Kindern und Kindern, die nur zögerlich krabbeln und laufen lernen, bereitet es manchmal Probleme, sich aufs Töpfchen zu setzen und wieder aufzustehen. Auch das Herab- und Hochziehen des Höschens kann Schwierigkeiten verursachen. In diesem Fall stößt das Kind das Töpfchen immer wieder um oder verheddert sich in der Kleidung.
- **Erklärungen verstehen** Mit zwei Jahren sagen viele Kinder ihre ersten Wörter; meist gehört das Wörtchen »Pipi« zu ihrem Wortschatz. Selbst wenn Ihr Kind nicht viel spricht, ist es ein großer Vorteil, wenn es versteht, was Sie sagen. Dann können Sie ihm z.B. ein Töpfchen zeigen und ihm erklären, wozu es dient. Wenn es Anweisungen befolgen kann, fällt es ihm auch leichter zu verstehen, wozu und wann das Töpfchen benötigt wird.

WINDEL-CHECK
Wenn Sie kontrollieren, wie oft Ihr Kind eine nasse Windel hat, können Sie einschätzen, ob es für die Sauberkeitserziehung bereit ist.

Fragen und Antworten

Brauchen Jungen länger als Mädchen? Viele Mütter berichten, dass ihre Töchter früher sauber waren als ihre Söhne – insgesamt gesehen scheinen Mädchen tatsächlich früher trocken zu sein als Jungen. Jungen zeigen später Interesse an der Sauberkeitserziehung und haben auch öfter »Unfälle« als Mädchen. Möglicherweise besteht dabei ein Zusammenhang mit der Sprachfähigkeit – Mädchen sind in diesem Alter oft kommunikativer und eine erfolgreiche Sauberkeitserziehung hängt zu einem gewissen Grad vom Sprachverständnis und der Ausdrucksfähigkeit ab. Die Sauberkeitserziehung ist kein Wettbewerb – denken Sie daran, dass ein Kind, das später damit beginnt, oft schneller sauber wird!

Meine Mutter sagt, ich sei mit 18 Monaten sauber gewesen. Kann das sein? Als die Windeln noch mit der Hand gewaschen wurden, war es Müttern wichtig, dass ihre Kinder so früh wie möglich sauber wurden. Wenn man sich überlegt, wann ein Kind am ehesten Stuhlgang hat – z.B. nach einer Mahlzeit – und es auf das Töpfchen setzt, bis es sein »Geschäft« macht, versteht es zwar, wozu das Töpfchen da ist, lernt so aber nicht, den Stuhlgang zu kontrollieren. Echte Sauberkeitserziehung dagegen gibt dem Kind die Möglichkeit, selbst zu erkennen, wann es Darm oder Blase entleeren muss – und das kann es erst, wenn es von seiner Entwicklung her so weit ist.

- **Bereitschaft, den Versuch zu wagen** Mit etwa 18 Monaten beginnen Kinder nach Selbstständigkeit zu streben; in dieser Zeit sind sie oft recht schwierig und verweigern selbst bei den einfachsten Aufgaben die Kooperationsbereitschaft. Mit diesem Widerstand des Kindes zurechtzukommen bedeutet eine Herausforderung. Statt zusätzlichen Druck auf das Kind – oder sich selbst – auszuüben, warten Sie besser ab, bis Ihr Kind weniger trotzig ist.

BLEIBEN SIE POSITIV
Verzichten Sie beim Wickeln auf negative Kommentare über den Zustand der Windeln.

Eine Entscheidung treffen

Oft ist der soziale Druck aus der Umgebung, das Kind auf den Topf zu setzen, sehr groß. Vielleicht braucht der gleichaltrige Sohn Ihrer Freundin keine Windel mehr. Vielleicht erwarten Sie erneut ein Baby und glauben, der Alltag mit einem Neugeborenen

SOMMERVERGNÜGEN
Warme, sonnige Tage bieten Ihrem Kind die beste Gelegenheit, sich ohne Windeln wohl zu fühlen.

Kinder mit besonderen Bedürfnissen

Ein erfolgreiches Töpfchentraining stellt für jedes Kind eine große Leistung dar – Kinder mit einem Handicap profitieren besonders von diesem Schritt in Richtung Unabhängigkeit. Bei einem Kind, das an einer Körperbehinderung oder an Lernschwierigkeiten leidet, kann die Sauberkeitserziehung mehr Zeit, Geduld und Verständnis erfordern. So ist z.B. bei Kindern mit Hörproblemen die Kommunikation erschwert; Kinder mit Koordinationsproblemen haben Schwierigkeiten, mit der Kleidung zurechtzukommen und sich aufs Töpfchen zu setzen.

Wenn Ihr Kind behindert ist, sprechen Sie mit dem Kinderarzt darüber, wann der richtige Zeitpunkt für die Sauberkeitserziehung gekommen ist. Selbsthilfegruppen können hilfreiche Informationen zu diesem Thema bieten und den Kontakt zu anderen betroffenen Eltern herstellen, mit denen Sie Ihre Erfahrungen austauschen können.

wäre leichter, wenn das Kind nicht mehr gewickelt werden müsste. Oder Sie haben ein Gefühl der Unzulänglichkeit, weil Ihr Kind noch nicht aufs Töpfchen geht.

Wenn es darum geht, aus den Windeln herauszukommen, gibt es nur einen Zeitplan, der für Sie von Bedeutung ist: das Tempo Ihres Kindes. Denken Sie daran, dass die Erfolgsaussichten größer sind, wenn Sie abwarten, bis Ihr Kind bereit dazu ist. Unterdessen erklären Sie Freunden und Familienmitgliedern Ihre Einstellung.

Jedes in seinem Tempo

Es hat wenig Aussicht auf Erfolg, wenn man mit der Sauberkeitserziehung beginnt, bevor das Kind das erforderliche Entwicklungsstadium (siehe S. 8–9) erlangt hat. Ein zu früher Start hat bestenfalls eine Menge an Pfützen und verschmutzter Kleidung zur Folge; schlimmstenfalls widersetzt sich Ihr Kind weiteren Versuchen.

Wie das Krabbeln und Laufen ist auch die Sauberkeitserziehung eine Entwicklungsaufgabe, die Ihr Kind in seinem eigenen Tempo bewältigen muss. Und ob es sie früher oder später meistert, hat nichts mit seiner Intelligenz oder anderen Bereichen der Entwicklung zu tun. Ein Kind, das spät krabbeln gelernt hat, muss deshalb nicht auch bei der Sauberkeitserziehung später »dran« sein. Und ein Kind, das früher »aus den Windeln heraus« ist, muss deshalb nicht früher lesen lernen.

Am meisten Erfolg verspricht es, wenn Sie sich von Ihrem Kind leiten lassen. Schließlich besteht keine Eile – wie jede neue Fertigkeit wird Ihr Kind auch die Darm- und Blasenkontrolle entsprechend seinem eigenen Entwicklungsplan erwerben. Geduld und das Abwarten auf Anzeichen der Bereitschaft ebnen den Weg zu baldigem Erfolg – der seinerseits stark zum Aufbau des Selbstwertgefühls Ihres Kindes beiträgt.

Sauberkeitserziehung bei Zwillingen

Wenn Sie Zwillinge haben, ist die Versuchung besonders groß, die Sauberkeitserziehung zu beschleunigen. Doch wie bei einem einzelnen Kind kann ein zu früher Beginn problematisch sein. Eine doppelte Menge an Pfützen und nassen Höschen ist dem Wickeln nicht vorzuziehen.

Es kann sein, dass ein Zwilling früher für das Töpfchentraining bereit ist als der andere, da sich jedes Kind unterschiedlich schnell entwickelt. Der Fortschritt des einen Kindes kann das andere in seinem Bemühen anspornen. Vergessen Sie aber nicht, dass die Sauberkeitserziehung kein Wettbewerb ist. Wenn ein Kind früher Interesse zeigt als das andere, seien Sie mit Ihrer Ermutigung und Ihrem Lob eher zurückhaltend. Denn es ist problematisch, wenn der andere Zwilling mitbekommt, wie der Bruder oder die Schwester für etwas gelobt wird, was er selbst noch nicht kann – oder nicht will. Das kann Spannungen erzeugen und unnötige Rückschläge verursachen.

ZWILLINGE
Wenn Sie jedem Kind ermöglichen, sich gemäß seinem individuellen Tempo zu entwickeln, wird die Sauberkeitserziehung kein Wettbewerb zwischen beiden.

Später beginnen

In der Regel wird die Sauberkeitserziehung umso einfacher, je später man damit beginnt. Untersuchungen haben z.B. gezeigt, dass viele Kinder, bei denen vor dem 18. Lebensmonat mit der Sauberkeitserziehung begonnen wurde, mit vier Jahren noch nicht sauber waren, während diejenigen, bei denen bis nach dem zweiten Geburtstag abgewartet wurde, mit drei Jahren sauber waren.

Wann ist der beste Zeitpunkt, um mit der Sauberkeitserziehung zu beginnen?

Der beste Zeitpunkt, um Ihr Kind im Erwerb dieser neuen Fertigkeit zu unterstützen, ist gekommen, wenn es Bereitschaft zeigt und eine Alltagsroutine entwickelt hat. Jedes störende Ereignis im Leben Ihres Kindes kann einen Rückschritt in seinem Verhalten verursachen; solche Situationen sind eine ungünstige Voraussetzung, um die Sauberkeitserziehung anzugehen.

Zur richtigen Zeit beginnen

Sie kennen Ihr Kind am besten und wissen, wie viel Veränderungen oder Stress es bewältigen kann. Wenn es größere Veränderungen in seinem Leben gibt (z.B. einen Umzug), ist es sinnvoll abzuwarten, bis sich der Alltag wieder normalisiert oder zumindest beruhigt hat. Erfährt ein Kind zu bestehenden Unsicherheiten weitere Anforderungen, entsteht bei ihm Stress, der oft zu Versagen führt.

Regen oder Sonne?

Viele Mütter beginnen mit der Sauberkeitserziehung, wenn das Wetter schön und warm ist und das Kind nur leichte Bekleidung benötigt – oder noch besser, ganz ohne Kleidung auskommt. Die Chance, rechtzeitig aufs Töpfchen zu kommen, ist zweifelsohne

LEICHT ANGEZOGEN
Wenn Ihr Kind im Sommer mit dem Töpfchentraining beginnt, hilft ihm leichte Kleidung, diese neue Fähigkeit zu meistern.

größer, wenn es nicht zuerst mehrere Lagen Kleidung abstreifen muss. Doch egal wie das Wetter ist – sobald Ihr Kind alle Anzeichen der erforderlichen Reife zeigt, können Sie mit der Sauberkeitserziehung beginnen – auch mitten im Winter. Sie können die Wohnung etwas mehr beheizen, damit Ihr Kind weniger Kleidung zu tragen braucht.

Wann man abwarten sollte

Verschieben Sie das Töpfchentraining, wenn Ihr Kind sich gerade in einer der folgenden Situationen befindet:

★ Beginn der Krippenbetreuung,

★ eine neue Betreuungsperson,

★ ein kürzlich erfolgter Krankenhausaufenthalt (von Ihnen oder ihm),

★ Umzug,

★ der Verlust – durch Tod oder Trennung – eines nahe stehenden Menschen.

Ein neues Geschwisterchen

Wenn Sie wieder ein Kind erwarten, kann die Aussicht auf zwei Wickelkinder in Ihnen den starken Wunsch wecken, Ihr Kleinkind sauber zu bekommen. Doch solange es sich daran gewöhnen muss, Ihre Aufmerksamkeit mit dem neuen Bruder oder der Schwester zu teilen, ist es vermutlich weniger kooperativ als sonst. Und bedenken Sie auch die Folgen der Sauberkeitserziehung – wollen Sie neben der Versorgung Ihres Neugeborenen auch Pfützen aufwischen und Töpfchen sauber machen?

NEUANKÖMMLINGE
Beginnen Sie nicht mit der Sauberkeitserziehung, wenn die Geburt eines Geschwisterchens kurz bevorsteht – geben Sie Ihrem Kind die Möglichkeit, sich an sein Geschwisterchen zu gewöhnen, dann wird es diesen Schritt bald meistern.

» Bislang hat sich Hannes kaum dafür interessiert, wenn jemand auf die Toilette ging, doch als er **Bilder** von Kindern **gesehen** hat, die auf dem Töpfchen sitzen, war sein **Interesse geweckt.** «

JOHANNA, Mutter von Hannes, 26 Monate

2

So bereiten Sie Ihr Kind vor

Sie müssen Ihr Kind ans Töpfchen heranführen. Ab dem 18. Monat sollten Sie eines zu Hause haben. Bringen Sie Ihrem Kind allmählich die Fertigkeiten bei, die es für die Benutzung beherrschen muss. Es geht in diesem Alter darum, mit dem Vorgang vertraut zu werden; Ihr Kind kann noch nicht auf Windeln verzichten.

Eins nach dem anderen

Ihr Kind muss noch einen weiten Weg zurücklegen, bis es ganz selbstverständlich aufs Töpfchen geht. Doch je besser es vorbereitet ist, umso leichter wird es ihm fallen, wenn die Zeit der Umgewöhnung gekommen ist.

Zunächst einmal muss das Kind wissen, was ein Töpfchen ist und wozu es dient. Vielleicht haben Sie schon ein Töpfchen – oder Sie gehen gemeinsam eines kaufen. Zu Hause erklären Sie Ihrem Kind, was es mit dem Topf auf sich hat. Doch die Einführung des Töpfchens muss behutsam erfolgen – zu viel Druck kann das Kind entmutigen. Es gibt auch lustige Wege, das Interesse zu wecken (siehe S. 24).

Größer werden

Wenn Sie den Sinn Ihres Kindes für seine Selbstständigkeit wecken, schaffen Sie eine gute Grundlage für ein erfolgreiches Sauberkeitstraining. Ihr Kind muss genügend Selbstbewusstsein besitzen, um Dinge allein auszuprobieren – und da die meisten Kleinkinder wild darauf sind, alles selber zu machen, ist nun der richtige Zeitpunkt gekommen, dem Kind viele Gelegenheiten zu verschaffen, »groß« zu sein.

Den Weg ebnen

Das Ziel ist es, den Prozess des Sauberwerdens für Ihr Kind möglichst positiv und natürlich zu gestalten. Auf diese Weise fördern Sie seinen Wunsch nach Selbstständigkeit, vermitteln ihm das Gefühl, geliebt und geschätzt zu werden, und stärken auch Ihr Selbstvertrauen als Eltern.

Stellen Sie sicher, dass Ihr Kind gut vorbereitet ist. Wie das Erlernen jeder neuen Fertigkeit ist auch die Benutzung des Töpfchens ein schrittweiser Prozess, der Erfahrung und zahlreiche Übungsmöglichkeiten erfordert, bevor er gemeistert werden kann. Wenn man den Topf vor das Kind stellt und erwartet, dass ihn das Kind benutzt,

Topf oder Toilette?

Die meisten Kinder gehen zunächst aufs Töpfchen und erst später auf die Toilette. Es gibt viele Gründe, die dafür sprechen, das Kind erst ans Töpfchen zu gewöhnen.

- Es ist transportabel – Sie können es je nach Bedarf in jedes Zimmer mitnehmen und es rasch unter den Po Ihres Kindes schieben, wenn es eilig ist! Sie können es auch mitnehmen, wenn Sie Freunde besuchen.
- Es ist bequem – die Toilette wirkt auf viele Kinder anfangs unheimlich, selbst wenn ein spezieller Kindersitz aufgelegt wird.
- Es wirkt unterstützend – Ihr Kind hält seinen Körper auf dem Töpfchen in einer stärker hockenden Stellung als auf der Toilette.

Töpfchen-Hygiene

Legen Sie vor dem Stuhlgang etwas Toilettenpapier in den Topf. Spülen Sie den Inhalt in die Toilette, bevor Sie das Töpfchen ausspülen. Regelmäßiges Auswaschen mit heißem Seifenwasser beugt Geruchsbildung vor.

obwohl es keine Vorstellung davon hat, was es tun soll, ist es bestenfalls verwirrt. Schlimmstenfalls treten Probleme auf, die erst nach Monaten überwunden werden können.

Geben Sie Ihrem Kind die Chance, sich ohne Druck an die Vorstellung zu gewöhnen, auf den Topf zu gehen. Die Umgewöhnung von Windeln zum Töpfchen wird z.B. vorbereitet, dass Sie schon beizeiten ein Töpfchen im Badezimmer bereitstellen und Ihr Kind zusehen lassen, wenn Sie auf die Toilette gehen. Behandeln Sie die Sauberkeitserziehung als eine ganz normale Angelegenheit und führen Sie im Laufe der Zeit die Begriffe, die Sie dabei verwenden wollen, ein.

Ein Töpfchen aussuchen

Töpfchen werden aus Plastik hergestellt und sind damit leicht, einfach zu

MIT DER PUPPE ÜBEN
Setzen Sie die Puppe Ihres Kindes gleichzeitig aufs Töpfchen, dann macht die Sauberkeitserziehung mehr Spaß!

Toilettensitze

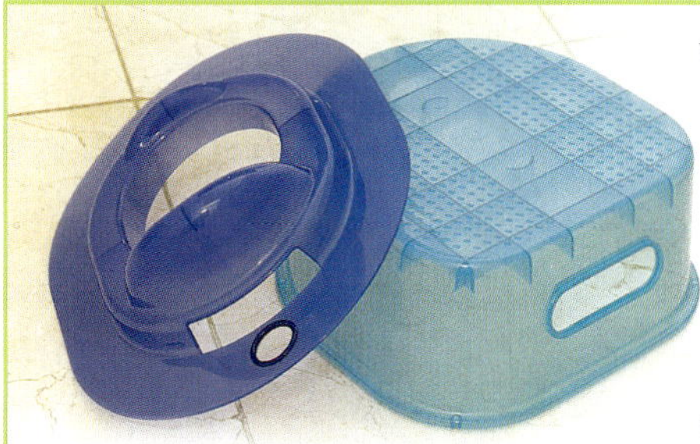

DAS GEHÖRT DAZU
Wenn Ihr Kind die Toilette benutzen will, sind ein Kindersitz und ein Plastikhocker hilfreich.

Vielleicht will Ihr Kind es Ihnen gleichtun und auf die Toilette gehen. Kaufen Sie einen speziellen Toilettensitz für Kinder. Für ein Kind ist es beängstigend, zusammengekrümmt auf der Toilettenbrille zu hängen; und es kann in der Tat herunterfallen. Wählen Sie einen bequemen, gut passenden Sitz. Neben die Toilette stellen Sie einen kleinen, stabilen Hocker oder Stuhl, damit Ihr Kind problemlos auf den Toilettensitz klettern kann. Auf dem Hocker kann es sich während des Sitzens auch mit den Füßen abstützen.

Belassen Sie den Sitz immer auf der Toilette, damit er stets bereit steht, wenn Ihr Kind auf die Toilette muss. Andere Familienmitglieder können ihn problemlos abnehmen, wenn sie die Toilette benutzen – bitten Sie sie, den Sitz danach wieder aufzulegen.

reinigen und angenehm zum Sitzen. Achten Sie darauf, dass das Töpfchen stabil und von guter Qualität ist. Es sollte einen breiten Standring haben, damit es nicht umkippt, wenn sich Ihr Kind darauf setzt. Achten Sie darauf, dass es innen leicht gewölbt und so gut zu reinigen ist; das Rückenteil ist meist anatomisch nach oben gezogen und bietet damit dem Rücken eine Stütze. Außerdem sollte das Töpfchen seitliche Schlitze zum Tragen haben. Ein Standard-Modell ist preiswert. Vielleicht wollen Sie aber etwas mehr ausgeben und ein Töpfchen kaufen, das die Aufmerksamkeit Ihres Kindes erweckt. Es gibt eine große Auswahl in Form von Tieren oder Fahrzeugen.

Sagen Sie Ihrem Kind, dass das Töpfchen ihm gehört; das gibt ihm das Gefühl der Selbstbestimmung. Vielleicht möchte es Aufkleber anbringen? Oder Sie bringen seinen Namen mit einem Filzmarker an?

Nützliches Zubehör ist:

- ein Spritzschutz – gut für Jungs, die vergessen, den Penis nach unten zu richten; gleichwohl gibt es keine Garantie, dass der Urin nicht doch gelegentlich über den Rand spritzt. Auch Mädchen können ein Töpfchen mit einem Spritzschutz benutzen – man muss ihnen nur beibringen, mit dem Rücken dagegen zu sitzen.
- ein Deckel – er schützt vor unangenehmen Gerüchen. Wenn Sie mit

DAS IST LUSTIG!
Töpfchen in hellen Farben oder lustigen Formen wecken das Interesse Ihres Kindes an der Sauberkeitserziehung.

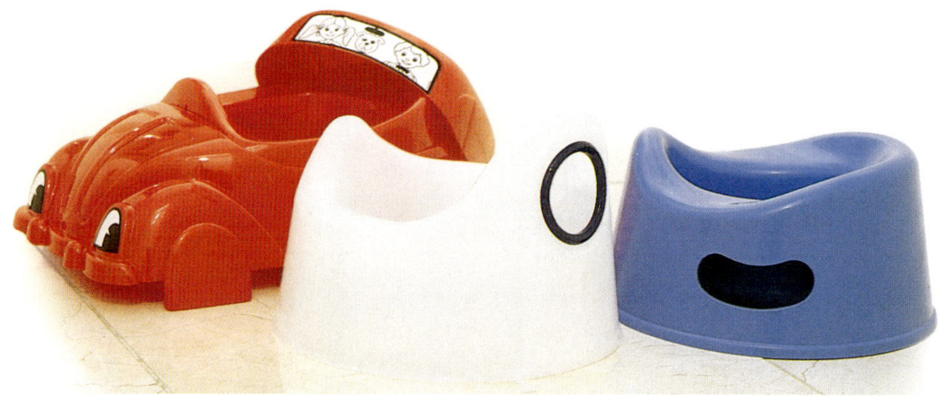

Wie führe ich das Töpfchen ein?

Der erste Schritt der Sauberkeitserziehung besteht darin, das Kind mit dem Topf vertraut zu machen, am besten mit ungefähr 18 Monaten. Dabei geht es nur darum, dass Sie zu Hause ein Töpfchen sichtbar stehen haben; erklären Sie Ihrem Kind, wozu es dient. In diesem Alter ist das Kind aber noch nicht bereit dazu, mit dem Töpfchentraining zu beginnen.

Einen Ort auswählen

Der beste Platz für den Topf ist in der Nähe der Toilette. So wird eine Verbindung hergestellt zwischen »auf die Toilette gehen« und »das Töpfchen benutzen«. Wenn Ihr Kind seinen Topf im Haus herumtragen will, lassen Sie es gewähren: Es stärkt seinen Sinn für Selbstständigkeit, wenn es das Gefühl hat, über das Töpfchen bestimmen zu können.

Kleinkinder imitieren gern: Gehen Sie in Anwesenheit Ihres Kindes auf die Toilette. Dann haben Sie auch die Möglichkeit, gleichzeitig über dieses Thema und den Ausscheidungsprozess selbst zu sprechen.

Übung macht den Meister

Wann immer möglich, ermuntern Sie Ihr Kind, sich auf den Topf zu setzen. Anfangs will es vielleicht nur mit dem Töpfchen spielen, aber bald wird es sich auch darauf setzen. Vielleicht behält es zunächst die Kleidung an; nach einiger Zeit können Sie vorschlagen, dabei die Windel auszuziehen.

Wenn es sich gern auf den Topf setzt, sollte es dies, wann immer es möchte, tun dürfen. Je vertrauter es mit dem Topf ist, umso bereitwilliger wird es ihn benutzen, wenn es so weit ist.

VERTRAUT WERDEN *Wenn Ihr Kind mit dem Töpfchen spielen darf, wird es damit vertraut. Dabei bietet sich die Gelegenheit, mit ihm darüber zu sprechen, wozu es dient.*

TÖPFCHENSPIEL *Wenn Ihr Kind sich jederzeit aufs Töpfchen setzen darf, fällt es ihm leichter, es zweckgemäß zu benutzen, wenn die Zeit für das Töpfchentraining gekommen ist.*

Sobald sich Ihr Kind ans Töpfchen gewöhnt hat, machen Sie den »Töpfchengang« zum festen Bestandteil des Morgen- oder Abendrituals.

Haben Sie Geduld

Vielleicht zeigt Ihr Kind zunächst kein Interesse am Töpfchen oder weigert sich sogar, sich darauf zu setzen. Drängen Sie es in diesem Fall nicht. Im Laufe der Monate schadet ein wenig Ermutigung nicht, aber im Moment ist es das Beste, das Kind in Ruhe zu lassen, bis es selbst die Bereitschaft zeigt. Wenn Ihr Kind auf dem Töpfchen »Pipi macht« oder Stuhlgang hat, zeigen Sie ihm, dass Sie erfreut sind. Übertreiben Sie dabei aber nicht – überschwängliches Lob könnte es unter Druck setzen, das nächste Mal wieder »Erfolg« haben zu müssen. Es besteht die Gefahr, dass es dann lieber gar nicht auf den Topf geht. Vermutlich ging dieser erste Erfolg eher auf ein gutes »Timing« zurück und war noch kein Signal, mit dem Töpfchentraining zu beginnen.

SO GROSS ...
Loben Sie Ihr Kind ausgiebig, wenn es sich nützlich macht, z.B. seine Spielsachen wegräumt – das stärkt sein Selbstvertrauen und seinen Sinn für Selbstständigkeit.

dem Auto unterwegs sind, können Sie das benutzte, abgedeckte Töpfchen auf den Boden stellen, bis Sie die Möglichkeit haben, es zu leeren.

Beim Namen nennen

Die Sauberkeitserziehung gestaltet sich für Ihr Kind problemloser, wenn jedes Familienmitglied dabei dieselben Wörter benutzt und Ihr Kind diese kennt. Welche Wörter Sie verwenden, ist Ihre persönliche Entscheidung; diese sollten für Ihr Kind verständlich und leicht auszusprechen sein.

Denken Sie aber daran, dass Ihr Kind diese Wörter gelegentlich lauthals in der Öffentlichkeit äußern wird. Die meisten Menschen tolerie-

Expertentipps

- Manchmal kann man sich noch so viel einfallen lassen und das Kind weigert sich trotzdem, sich aufs Töpfchen zu setzen (siehe S. 24). Anstatt zu riskieren, einen echten Widerwillen zu erzeugen, erwähnen Sie das Töpfchen nicht mehr, bis Ihr Kind selbst Interesse zeigt.
- Zwingen Sie Ihr Kind nicht, sich auf den Topf zu setzen – es nutzt gar nichts, wütend zu werden oder körperlichen Zwang auszuüben. Es hat den gegenteiligen Effekt – das Kind bekommt Angst und weigert sich vielleicht Monate lang, das Töpfchen zu benutzen.

ren Ausdrücke wie »Pipi machen« oder »Aa machen«; Sie werden feststellen, dass viele andere Familien diese oder ähnliche Wörter benutzen.

Wenn Ihr Kind älter wird, möchten Sie ihm vielleicht beibringen zu sagen: »Ich muss aufs Töpfchen«, anstatt sein »Geschäft« genau zu benennen.

Selbstständigkeit fördern

Wenn Sie Ihr Kind in seinem Streben nach Selbstständigkeit bestärken, trägt dies zum Aufbau von Selbstvertrauen bei und gibt ihm die innere Stärke, die es benötigt, um den Übergang von den Windeln zum Töpfchen zu vollziehen. Kleinkinder haben von Natur aus den Drang, alles selbst zu machen und die Dinge zu kontrollieren – auch wenn es ihnen nicht immer gelingt! Doch je mehr Ihr Kind selber machen kann, umso zufriedener ist es.

- **Lassen Sie Ihr Kind probieren** Es will Ihnen zeigen, wie clever es ist, und Ihre Begeisterung ist der beste Lohn, wenn es etwas Neues meistert.
- **Loben Sie es ausgiebig** Dies ist besonders wichtig, wenn es sich »groß« zeigt, egal ob es seine Spielsachen wegräumt oder die Gabel richtig benutzt.
- **Seien Sie realistisch in Ihren Erwartungen** Kinder entwickeln sich in unterschiedlichem Tempo; vergleichen Sie Ihr Kind nicht mit anderen. Beobachten Sie es stattdessen, wenn es etwas selber machen will; stehen Sie bereit, wenn es Ihre Hilfe braucht, aber lassen Sie ihm das Gefühl, die Sache selbst geschafft zu haben.

TÖPFCHEN SIND LUSTIG!
Lassen Sie Ihr Kind mit Spielsachen spielen oder Bücher betrachten, wenn es auf dem Topf sitzt – oder besser noch, lesen Sie ihm sein Lieblingsbuch vor.

Neue Fertigkeiten erlernen

Wenn Sie Ihrem Kind beibringen, auf den Topf zu gehen, bedeutet dies nicht nur, dass Sie es anleiten, sich zum Stuhlgang oder Wasserlassen darauf zu setzen. Es muss dazu auch einige praktische Fertigkeiten erlernen.

- **Hände waschen** Wenn Sie Ihrem Kind jetzt schon Hygieneregeln beibringen, nutzt ihm das beim späteren Töpfchengang. Das Händewaschen sollte zur selbstverständlichen Gewohnheit vor den Mahlzeiten werden – leiten Sie Ihr Kind an, es selbstständig zu erledigen. Stellen Sie sicher, dass es das Waschbecken erreichen kann, und legen Sie die Seife in Reichweite. Flüssigseife ist für

Wie kann ich das Interesse meines Kindes wecken?

Zwar können manche Kinder schon mit etwa 18 Monaten ans Töpfchen herangeführt werden, andere jedoch zeigen lange Zeit kein Interesse. Es gibt jedoch viele Strategien, um das Interesse Ihres Kindes zu wecken. Wenn ein wenig Neugierde und Motivation vorhanden sind, können Sie Ihr Kind ermutigen, den Weg einzuschlagen.

Das wird lustig!

Im Badezimmer steht ein Töpfchen. Sie haben Ihrem Kind erklärt, wozu es da ist, und es ermuntert, sich draufzusetzen. Aber es hat kein Interesse. Probieren Sie folgende Ideen aus:

★ Sehen Sie sich gemeinsam ein Buch über ein Kind an, das aufs Töpfchen geht.

★ Verteilen Sie um den Topf herum interessante Dinge – Lieblingsbücher oder Spielsachen.

★ Ältere Kinder haben für Kleinkinder oft Vorbildcharakter; es kann den Durchbruch bedeuten, wenn das Kind sieht, wie die Älteren die Toilette benutzen.

★ Machen Sie gemeinsam Spiele, bei denen der Teddybär oder die Puppen aufs Töpfchen gehen.

★ Betrachten Sie gemeinsam ein Video, wenn Ihr Kind auf dem Topf sitzt.

Ihr Kind muss das Töpfchen mit angenehmen Erfahrungen in Verbindung bringen; loben Sie es auch, wenn es nur einige Sekunden auf dem Topf gesessen ist und »unerledigter Dinge« wieder aufsteht. Es geht in diesem Alter nur darum, eine Vorstellung vom Sinn des Töpfchens zu vermitteln.

RICHTIGE UNTERWÄSCHE
Kaufen Sie für Ihre Tochter lustige Unterhosen für »große Mädchen«. Zeigen Sie sie ihr und erklären ihr, dass sie sie bekommt, sobald sie aufs Töpfchen geht.

kleine Hände besser geeignet. Stellen Sie sicher, dass das Wasser nicht zu heiß werden kann, und lassen Sie Ihr Kind dann selber hantieren.

- **Anziehen und Ausziehen** Der Töpfchengang wird Ihrem Kind erleichtert, wenn es das Ausziehen von Hosen und Unterwäsche beherrscht. Geben Sie ihm Gelegenheit, das selbstständige An- und Ausziehen zu üben, auch wenn es schneller ginge, es selbst zu erledigen. Das An- und Ausziehen fällt leichter, wenn Sie Ihrem Kind locker sitzende Kleidung ohne viele Knöpfe oder Reißverschlüsse anziehen.

KÖRPERHYGIENE
Wenn das Händewaschen von klein an zur täglichen Routine gehört, wird Ihr Kind mit Sicherheit gute Hygienegewohnheiten entwickeln, die es ein Leben lang beibehält.

Fragen und Antworten

Mein Sohn ist schon fast zweieinhalb Jahre alt und hat überhaupt kein Interesse am Töpfchen. Was soll ich tun?
Nichts. Er ist offensichtlich noch nicht bereit für die Sauberkeitserziehung. Wenn Sie darauf bestehen, dass sich Ihr Sohn aufs Töpfchen setzt, trotzt er und Sie sind verärgert. Stellen Sie den Topf weg. Er soll ihn erst einmal vergessen. Versuchen Sie es in einem Monat nochmal.

Mein Zweijähriger macht nichts allein. Wenn ich ihm nicht helfe, versucht er nicht einmal, seine Schuhe anzuziehen oder ein Puzzle zu legen. Wie soll er sich je ans Töpfchen gewöhnen?
Manche Kinder probieren es lieber gar nicht, als das Risiko eines Misserfolgs einzugehen. Vielleicht ist Ihr Sohn von Natur aus ein Perfektionist oder es wird mehr von ihm erwartet, als er leisten kann. Achten Sie darauf, keine unrealistischen Ansprüche zu stellen – dies könnte sein Selbstwertgefühl beeinträchtigen und Blockaden erzeugen. Lassen Sie ihn in Ihrem Beisein kleine Aufgaben ausführen, von denen Sie wissen, dass er sie meistert – die Wäsche in die Waschmaschine füllen oder die Einkäufe auspacken – und loben Sie ihn, wenn er es auch nur versucht. Allmählich wird sein Selbstvertrauen wachsen. Das Töpfchentraining kommt erst wieder auf die Tagesordnung, wenn er richtig motiviert ist.

» Martina war fast zweieinhalb, als sie **endlich Interesse** an ihrem Töpfchen zeigte. Jedes Mal, wenn sie es benutzen wollte, klatschte ich und **lobte sie.** «

MONIKA, Mutter von Martina, drei Jahre

3

Die ersten Tage ohne Windeln

Wenn Ihr Kind für das Töpfchentraining bereit ist, bleiben Sie ruhig und entspannt. Entscheidend ist, dass die Benutzung des Töpfchen als etwas Natürliches und Normales betrachtet wird. Ihr Lob – und vielleicht einige Anreize – werden Ihr Kind motivieren, diesen großen Schritt in Richtung Selbstständigkeit zu unternehmen.

Ein schrittweiser Prozess

Wenn Sie den Eindruck haben, dass Ihr Kind für das Töpfchentraining bereit ist, braucht es Ihre Hilfe und Ermutigung. Dank Ihrer aktiven Unterstützung wird es sicher bald trocken, ohne dass allzu viele Probleme auftreten – und es wird in dieser Zeit an Selbstvertrauen gewinnen.

Die meisten Kinder erlernen die Benutzung des Töpfchens schrittweise. Ihr Kind wird dabei jede Phase in seinem eigenen Tempo durchschreiten. Jedes Kind wird in einem anderen Alter trocken; sprechen Sie nicht allzu oft mit anderen Eltern über die Erfolge (oder Misserfolge) Ihres Kindes. Bleiben Sie positiv und denken Sie daran, dass Ihr Kind Ihre Unterstützung und Ermutigung braucht.

Wie man helfen kann

Auch wenn Ihr Kind groß genug ist, um auf den Topf zu gehen, bewältigt es den Töpfchengang nicht zwangsläufig ganz allein. Anfangs sollten Sie bereitstehen, um es daran zu erinnern, aufs Töpfchen zu gehen, um ihm beim Abstreifen seiner Kleidung zu helfen und sicherzustellen, dass es sich den Po richtig abwischt. Wenn der Töpfchengang den Reiz des Neuen verliert, müssen Sie vielleicht die eine oder andere Belohnung in Aussicht stellen.

Versuch und Irrtum

Sie haben Ihr Kind ans Töpfchen gewöhnt, es setzt sich bereitwillig darauf und hat auch schon ein paar »Erfolgserlebnisse« gehabt. Es versteht, wozu das Töpfchen da ist, und zeigt inzwischen die meisten – oder vielleicht alle –Anzeichen, dass es für das Töpfchentraining reif ist (siehe S. 8–9).

Denken Sie daran, dass die Sauberkeitserziehung großteils über »Versuch und Irrtum« erfolgt. Es gibt zwar Kinder, die rasch und mit nur wenigen »Unfällen« von den Windeln zu Unter-

Checkliste

Sobald Sie glauben, dass Ihr Kind für das Töpfchentraining bereit ist, stellen Sie sicher, dass die notwendigen Voraussetzungen geschaffen sind. Erforderlich sind:

- viele Unterhosen – es gibt mit Sicherheit »Unfälle«;
- viel Zeit – beginnen Sie das Töpfchentraining während einer ruhigen Phase, damit Ihr Kind nicht noch weitere Veränderungen bewältigen muss;
- ein Aktionsplan – möchten Sie vom ersten Tag an auf Windeln verzichten oder möchten Sie mit Windelhöschen (siehe S. 29) beginnen? Wie werden Sie sich bei »Unfällen« verhalten?;
- ein Vorrat an Belohnungen und/oder Anreizen (siehe »Möglichkeiten der Motivation«, S. 34–35) – das Vorlesen oder Betrachten von Lieblingsbüchern oder Videos kann Ihre Überzeugungskraft unterstützen.

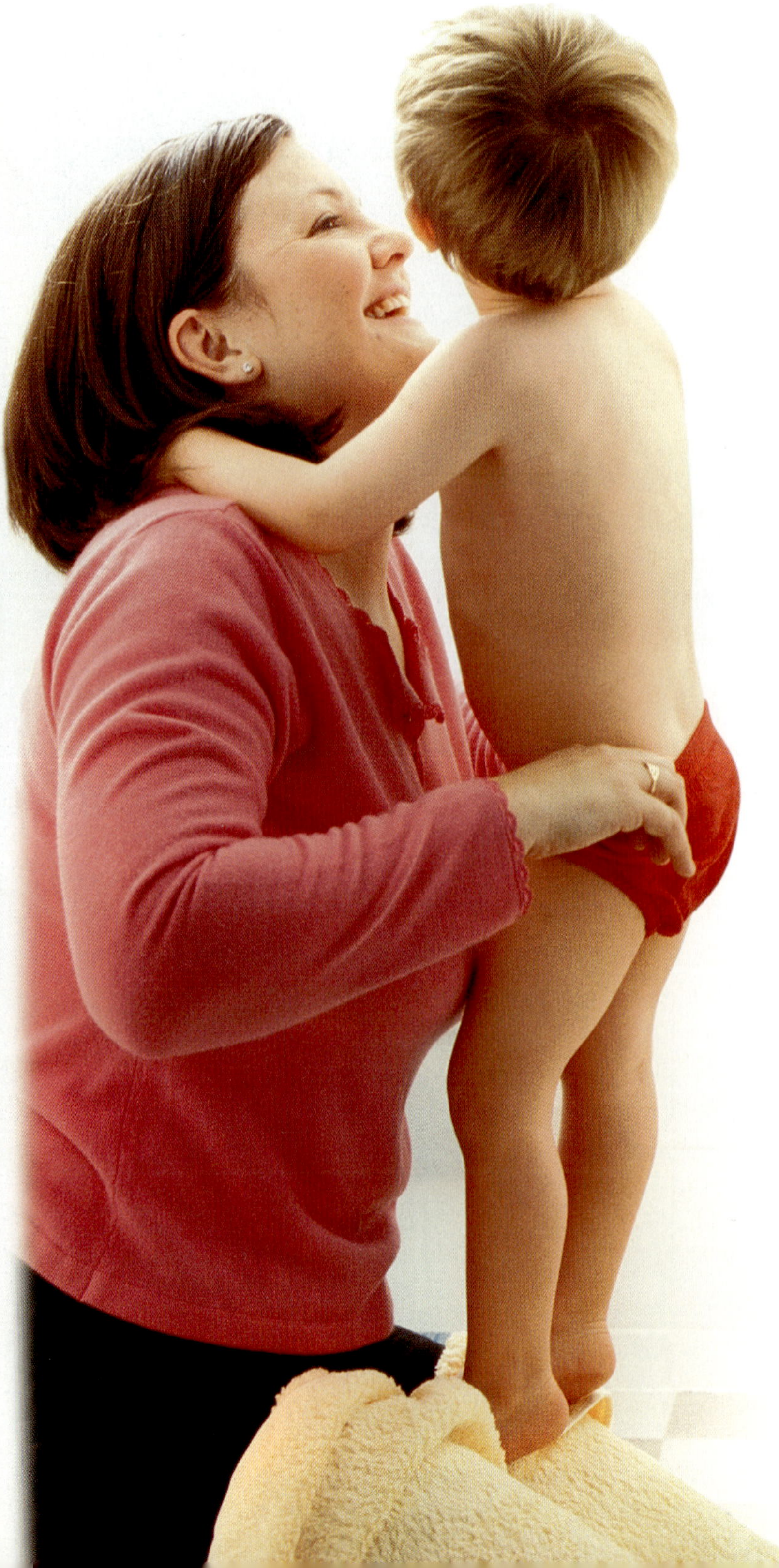

TSCHÜSS, WINDELN!
Es bedeutet einen aufregenden Schritt in Richtung Selbstständigkeit, wenn Ihr Kind das erste Mal Unterhosen anzieht.

hosen wechseln, doch für die meisten erfolgt diese Umgewöhnung über einen langsamen, schrittweisen Prozess.

Der wichtigste Grundsatz lautet, den Prozess des Sauberwerdens so entspannt wie möglich zu gestalten.

Es gibt verschiedene Möglichkeiten, das Töpfchentraining anzugehen – manche Eltern ziehen ihrem Kind zunächst Windelhöschen an (siehe Kasten rechte Seite); andere entscheiden sich gleich für Unterhosen. Wenn Sie unsicher sind, welche Methode für Ihr Kind geeignet ist, sprechen Sie mit Ihrem Kinderarzt. Wenn Sie folgende Schritte beachten, werden die ersten Tage des Töpfchentrainings wahrscheinlich glatt verlaufen.

Schritt eins

Einige Tage vor Beginn des Töpfchentrainings:

- Geben Sie Ihrem Kind möglichst oft Gelegenheit, sich aufs Töpfchen zu setzen, vor allem dann, wenn es wahrscheinlich ist, dass es Stuhlgang hat oder Wasser lassen muss, z.B. nach einer Mahlzeit. Zwingen Sie Ihr Kind nicht, länger auf dem Topf sitzen zu bleiben, als es will.
- Am zweiten Tag lassen Sie es vormittags oder nachmittags längere Zeit

ohne Windel herumlaufen oder spielen. Behalten Sie es dabei im Auge – vielleicht können Sie absehen, dass gleich etwas passieren wird!

- Wenn es Pipi oder ein Häufchen macht, ohne rechtzeitig das Töpfchen zu erreichen, bleiben Sie gefasst. Bitten Sie es, es Ihnen zu sagen, wenn es nass ist, damit Sie es rasch umziehen können. Es stellt einen wichtigen ersten Schritt dar, ein Bewusstsein für die Ausscheidungen zu bekommen, um dann den Drang schon vorab spüren und deuten zu können.

Schritt zwei

Am Tag, an dem Sie beginnen möchten:

- Ziehen Sie Ihrem Kind die Windel aus und packen seine neuen Unter-

ERFOLGE BELOHNEN
Halten Sie einen Vorrat an Belohnungen griffbereit, um Erfolge zu würdigen.

Expertentipps

- Ziehen Sie Ihrem Kind Kleidung an, mit der es allein zurechtkommt. Unterhosen mit Gummiband, Röcke und Kleider sind gut geeignet, während Reißverschlüsse, Schnallen oder Haken schwierig zu handhaben sind.
- Informieren Sie die Betreuungspersonen Ihres Kindes darüber, dass Sie das Töpfchentraining durchführen.
- Geben Sie nicht zu schnell auf. Wenn Sie aus Bequemlichkeit hin und wieder auf Windeln zurückgreifen, gerät Ihr Kind durcheinander.
- Erwarten Sie nicht zu viel – Ihr Kind muss sich erst daran gewöhnen, es »anzuhalten«; nehmen Sie das Töpfchen auf Autofahrten oder Einkaufstouren mit (siehe S. 48–51).

Wegwerfbare Trainerhöschen/Windelhöschen

Wegwerfbare Trainer- bzw. Windelhöschen werden wie Unterhosen angezogen, bestehen aber aus Windelmaterial und haben seitliche Aufreißnähte. Manche Eltern benutzen sie als Zwischenschritt, andere verzichten völlig auf Windeln.

Vorteile

- Ihr Kind kann sie wie Unterhosen an- und ausziehen.
- Sie nehmen Urin oder Stuhl auf, ohne dass die Kleidung verschmutzt wird.

Nachteile

- Ihr Kind merkt nicht, wann es nass ist – der Zusammenhang zwischen Wasserlassen und Töpfchengang wird weniger deutlich.
- Das Kind verhält sich nicht anders als bei normalen Windeln und versucht gar nicht, aufs Töpfchen zu gehen.

Ich habe mit der Sauberkeitserziehung begonnen. Wann ist das Kind trocken?

Der Beginn des Töpfchentrainings ist für die meisten Eltern ein aufregender Moment. Auch für das Kind bedeutet er im Hinblick auf seine Unabhängigkeit einen großen Schritt vorwärts. Aber überstürzen Sie nichts – es kann einige Zeit dauern, bis Ihr Kind vollständig trocken ist. Jedes Kind wird in einem anderen Alter trocken; legen Sie sich daher in Ihren Erwartungen nicht zu sehr fest.

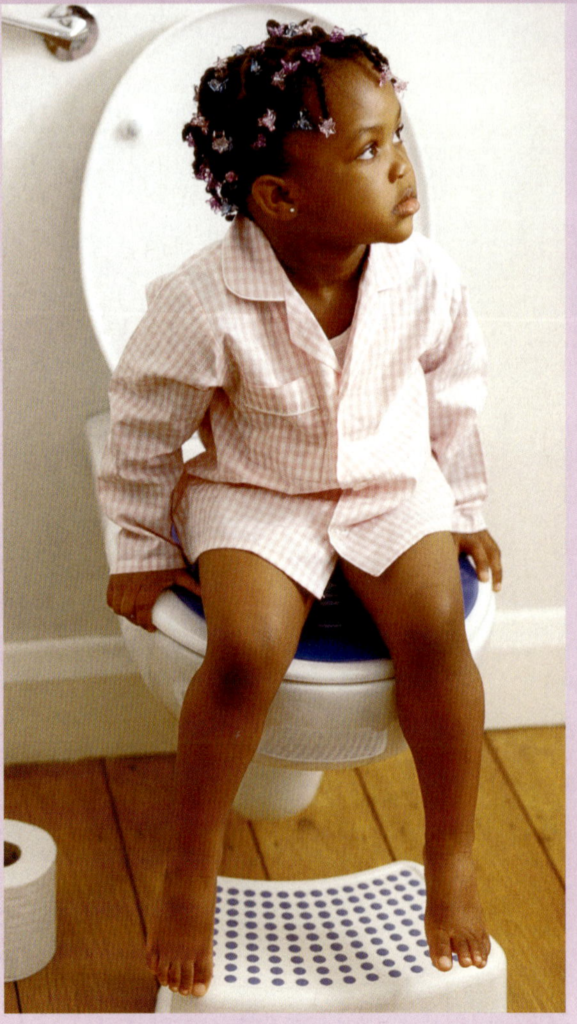

Wie es vor sich geht

Manche Kinder haben in wenigen Tagen heraus, wie man das Töpfchen benutzt – gewöhnlich sind es die älteren Kinder. Viele andere – und insbesondere Kinder, die mit Veränderungen Schwierigkeiten haben – brauchen mehrere Monate dazu. Ein Kind lernt schrittweise, aufs Töpfchen zu gehen. Bis das Kind es beherrscht, braucht es viel Erfahrung und Übung in verschiedenen Situationen. Im Folgenden finden Sie die verschiedenen Stadien aufgelistet:

1. Phase

Ihr Kind muss merken, wann es Stuhlgang hat oder Wasser lässt. Setzen Sie es auf den Topf oder die Toilette, wenn eine Ausscheidung wahrscheinlich ist, z. B. morgens nach dem Aufwachen oder nach einer Mahlzeit.

DER RICHTIGE ZEITPUNKT

Leiten Sie Ihr Kind dazu an, morgens nach dem Aufwachen aufs Töpfchen oder auf die Toilette zu gehen, denn dann ist es sehr wahrscheinlich, dass es Wasser lassen muss. So lernt es auch, sein Bedürfnis zu erkennen und richtig zu deuten.

2. Phase

Ihr Kind muss Ihnen mitteilen, dass es »muss«.

3. Phase

Ihr Kind muss es »anhalten« können. Es kann noch Monate dauern, bis es genug Kontrolle über seine Schließmuskeln hat, um abwarten zu können, bis Sie das Töpfchen bereitgestellt oder auswärts eine Toilette gefunden haben.

Sauber und trocken

Etwa zur gleichen Zeit, zu der es trocken wird, entdeckt Ihr Kind auch, wie es sauber bleibt und sein »Geschäft« ins Töpfchen statt in die Windel verrichtet. Das Urinieren erfolgt normalerweise gleichzeitig mit dem Stuhlgang – daher ist es für Ihr Kind schwierig, zwischen den beiden Vorgängen zu unterscheiden.

»MAMA, ICH MUSS MAL ...«
Es bedeutet einen großen Fortschritt in der Sauberkeitserziehung, wenn Ihr Kind in der Lage ist, Ihnen mitzuteilen, dass es Harn- oder Stuhldrang verspürt.

ANHALTEN
Mit der Zeit wird Ihr Kind die erforderliche Kontrolle über die Schließmuskulatur erwerben, um sein Bedürfnis anhalten zu können.

LEICHT HOCH, LEICHT RUNTER
Ziehen Sie Ihrem Kind Kleidung an, mit der es gut zurechtkommt. Auf diese Weise gelingt es ihm besser, die zum Töpfchengang erforderlichen Fertigkeiten zu meistern.

hosen oder die Windelhöschen (siehe unten) aus. Erklären Sie Ihrem Kind, dass es heute keine Windel braucht. Wenn es die Höschen selber anziehen kann, ist es umso besser.

- Erinnern Sie es daran, dass es Ihnen sagen soll, wenn es meint, aufs Töpfchen zu müssen – stellen Sie den Topf in nächste Nähe, damit Ihr Kind ihn schnell erreichen kann.
- Wenn Ihr Kind nicht auf dem Töpfchen war, obwohl es viel getrunken hat oder wenn die Zeit gekommen ist, zu der es gewöhnlich Stuhlgang hat, erinnern Sie es ans Töpfchen.
- Ermutigen Sie Ihr Kind durch Lob.
- Wenn ein Malheur passiert ist, erinnern Sie Ihr Kind daran, wozu das Töpfchen da ist, und wechseln seine Kleidung.

Expertentipp

Für Kinder ist ihre Ausscheidung kein Abfallprodukt, sondern faszinierend und bedeutsam. Ihr Kind untersucht seinen Kot mit der gleichen Selbstverständlichkeit, mit der es mit Nahrungsmitteln spielt.

Unser Ziel: trocken sein

Erwarten Sie während der ersten windelfreien Tage nicht zu viel von Ihrem Kind. Die Sauberkeitserziehung ist ein gradueller Prozess. Natürlich gibt es Kinder – vor allem ältere –, die vom ersten Tag an trocken sind und kaum »Unfälle« haben; es gibt aber viel mehr Kinder, die ihre Zeit brauchen und erst nach und nach lernen, wie man trocken und sauber bleibt. Im Folgenden finden Sie Punkte, die auf diesem Weg hilfreich bzw. hinderlich sind.

Was funktioniert

- Gehen Sie die Sache langsam an – es kann eine Weile dauern, bis Sie die

»Johannes hat sehr schnell gelernt, aufs Töpfchen zu gehen. Gelegentlich braucht er aber noch ein bisschen Hilfe. Am besten kommt er mit Hosen mit Gummizug zurecht.«

MIRIAM, Mutter von Johannes, inzwischen drei Jahre

verschiedenen Phasen der Sauberkeitserziehung (siehe S. 30–31) in den Griff bekommen. Ihr Kind wird den nächsten Schritt tun, wenn es bereit dazu ist.

- Sagen Sie Ihrem Kind, dass Sie stolz auf es sind, wenn es versucht, sein Töpfchen zu benutzen. Aber machen Sie nicht zu viel Aufhebens um die Sache – überschwängliches Lob kann zu hohem Erfolgsdruck führen und Ihr Kind befürchtet vielleicht, dass es das nächste Mal versagen könnte, und weigert sich in der Folge, aufs Töpfchen zu gehen.
- Bleiben Sie in der Nähe – vielleicht ist Ihr Kind durchaus bereit dazu, aufs Töpfchen zu gehen, schafft es aber noch nicht allein.
- Seien Sie auf »Unfälle« gefasst; reagieren Sie nicht überrascht oder ungehalten, wenn sie passieren (siehe S. 37).
- Bleiben Sie ruhig – bei einem Malheur beseitigen Sie die Folgen und erinnern Ihr Kind daran, das nächste Mal das Töpfchen zu benutzen.

Was nicht funktioniert

- Das Kind zwingen, auf dem Töpfchen sitzen zu bleiben – es wird nur widerwillig und verliert seine Bereitschaft zur Mitarbeit.
- Anderen Menschen im Beisein des Kindes von seinen Fortschritten erzählen – oder von den Misserfolgen. Jede Spur von Enttäuschung oder Ungeduld Ihrerseits wird von Ihrem Kind aufgenommen.
- Druck ausüben – Ihr Kind wird die Aufgabe in seinem eigenen Tempo meistern; ständiges Drängen macht es nervös und es wird vielleicht gar keinen Stuhlgang mehr haben.
- Das Kind bestrafen – wenn es kein Interesse zeigt, den Topf zu benutzen oder einen »Unfall« hatte, wird die Sache schlimmer, wenn Sie schimpfen.
- Ekel zeigen – natürlich ist es nicht angenehm, schmutzige Töpfchen sauber zu machen oder ein Häufchen wegzuputzen, aber entsprechende Kommentare oder Gesten helfen Ihrem Kind nicht weiter.

Nur für Mädchen

Am Anfang wischen normalerweise die Eltern ihrem Kind nach dem Stuhlgang den Po ab und die Kinder lassen es auch gern geschehen. Es erfordert viel Übung, bis das Kind es einwandfrei selber kann. Wenn Ihr Kind es selber machen will, müssen Sie ihm zeigen, wie es dabei richtig vorgeht. Erklären Sie Ihrer Tochter,

Schlafenszeiten am Tag

Wenn Sie Ihrem Kind für den Tagschlaf wieder Windeln anziehen, werden dadurch zwar Unfälle vermieden, aber Ihr Kind erhält widersprüchliche Botschaften, die es verwirren können. Stattdessen können Sie:

- es bitten, vor dem Hinlegen aufs Töpfchen zu gehen;
- eine Gummiunterlage unter das Laken legen, damit die Matratze im Fall des Einnässens trocken bleibt;
- Autositz oder Buggy mit einem zusammengefalteten Handtuch schützen, für den Fall, dass es darin unerwartet einschläft.

WINDELFREIE SCHLÄFCHEN *Ziehen Sie Ihrem Kind während des Tagschlafs keine Windeln an. Treffen Sie Vorsichtsmaßnahmen, um die Folgen eines »Unfalls« gering zu halten.*

Expertentipps

- Erwarten Sie nicht, dass Ihr Kind auf Befehl auf den Topf geht. In den ersten Tagen wird es das nur tun, wenn es das Bedürfnis hat. Frühestens mit drei Jahren können Sie erwarten, dass es »vorsichtshalber« aufs Töpfchen oder die Toilette geht, bevor es das Haus verlässt.
- Nennen Sie es nicht »braves« Kind, wenn es die Toilette benutzt, oder »böses Kind«, wenn ein Malheur passiert.

dass sie mit dem Toilettenpapier von vorne nach hinten zum Po wischen muss; dies gilt besonders nach dem Stuhlgang. Dadurch wird verhindert, dass Bakterien aus dem Darm zur Scheide oder Harnröhre gelangen, wo sie eine Infektion verursachen können.

Wenn Ihre Tochter sich selbst sauber machen will, verhandeln Sie mit ihr, ob sie Ihnen einen kurzen Kontrollblick erlaubt. Wenn sie nur Wasser lassen musste, genügt ein Abtupfen mit Toilettenpapier.

»RATE, WAS ICH KANN«
Lassen Sie Ihr Kind bei den Großeltern anrufen und ihnen erzählen, was es jetzt kann. Auf diese Weise wird auch sein eigener Ehrgeiz aufrechterhalten.

Nur für Jungen

Bei den meisten Kindern entleeren sich Blase und Darm gleichzeitig; daher ist es sinnvoll, Ihrem Sohn beizubringen, sich immer aufs Töpfchen zu setzen. Wenn er den Töpfchengang problemlos beherrscht, will er vielleicht lernen, im Stehen zu urinieren (siehe Tipps auf S. 41); vielleicht will er aber auch weiterhin im Sitzen Wasser lassen, auch dann, wenn er schon auf die Toilette geht.

Ihr Sohn wird sich anfangs sicher gern von Ihnen den Popo abwischen lassen. Wenn er es selber machen will, versuchen Sie ihn davon zu überzeugen, nachsehen zu dürfen, ob er es richtig gemacht hat.

Motivation

Sobald der Reiz des Neuen vorüber ist, verlieren viele Kinder das Interesse an der Sauberkeitserziehung. Bei manchen genügen Lob und eine gelegentliche Erinnerung, um sie bei der Stange zu halten. Denn kleine Kinder wollen selbst bestimmen dürfen und selbst verantwortlich sein. Übertragen Sie ihm daher immer mehr Aufgaben, z.B. das Zurechtlegen des Toilettenpapiers oder Hilfsdienste beim Leeren des Töpfchens, wie das Hinunterspülen in die Toilette. So gelingt es, sein Interesse aufrechtzuerhalten.

Bei anderen Kindern müssen es konkrete

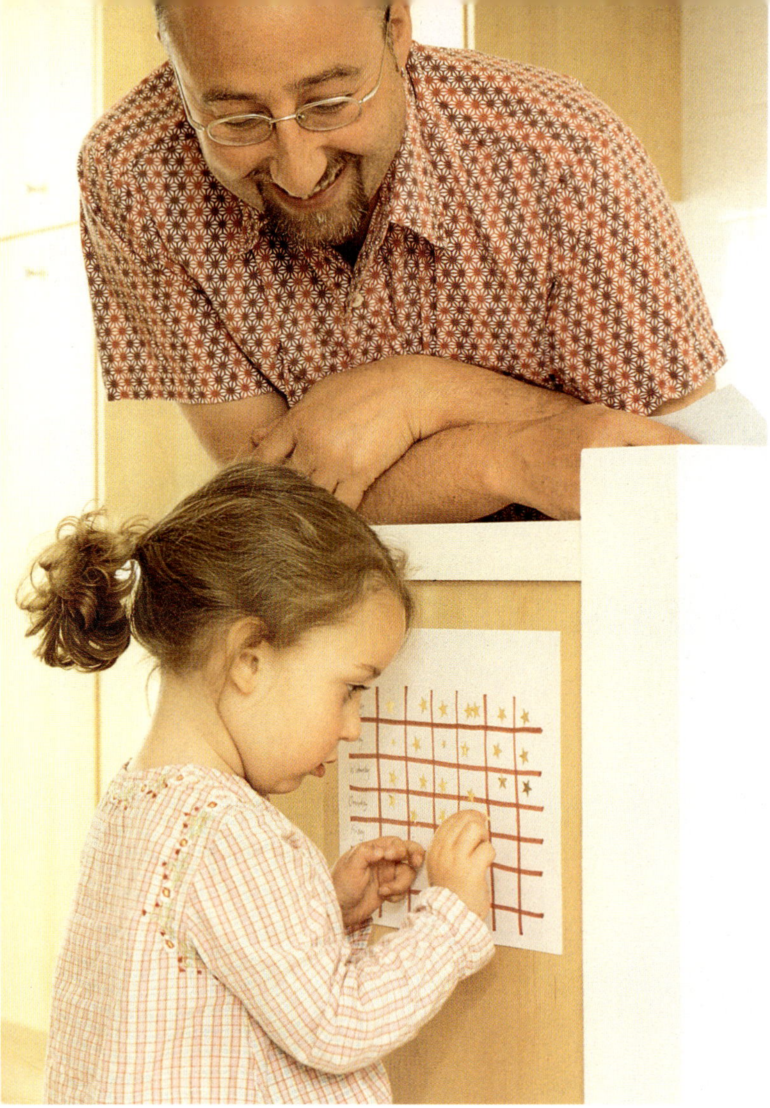

Belohnungen sein – das ist in Ordnung, sofern Ihr Kind nicht den Preis diktiert! Sobald Ihr Kind weitgehend trocken ist, wird es diese besonderen Anreize nicht mehr brauchen. Hier einige Ideen für kleine Belohnungen:

- Jedes Mal, wenn Ihr Kind das Töpfchen benutzt, darf es einen Aufkleber in einen Kalender einkleben.
- Belohnen Sie es nach jedem Erfolg mit einer kleinen Süßigkeit.
- Rufen Sie die Großeltern oder andere Verwandte an und erzählen ihnen von seinem Triumph.
- Wenn Sie ein wenig blaue Lebensmittelfarbe in die Toilette geben, wird Ihr Kind voller Erstaunen beobachten, wie sie grün wird, wenn es darauf »Pipi macht«.

STERNCHENKALENDER
Basteln Sie gemeinsam einen Sternchenkalender, in den Ihr Kind ein Sternchen kleben darf, wenn es sein Töpfchen benutzt hat.

Fragen und Antworten

Meine Tochter trinkt tagsüber viel. Ich fürchte, dass dadurch die Sauberkeitserziehung erschwert wird. Soll ich ihre Flüssigkeitsaufnahme beschränken?
Das Beschränken der Flüssigkeitsmenge, die Ihr Kind tagsüber zu sich nimmt, trägt kaum dazu bei, nächtliches Einnässen zu verhindern und schadet seiner Gesundheit. Wenn Ihre Tochter Durst hat, muss sie trinken. Ihr Kind lernt umso früher trocken zu werden, je häufiger es das Töpfchen benutzen muss, da es dadurch mehr Übungsmöglichkeiten hat.

Meine Tochter soll in wenigen Monaten in den Kindergarten gehen, aber sie ist noch nicht sauber. Was soll ich tun?
Voraussetzung für den Kindergartenbesuch ist meist, dass das Kind sauber ist. Aber das ist mit drei Jahren nicht immer der Fall. In einer Tageskrippe, in der Kinder schon mit wenigen Monaten aufgenommen werden, gehört die Sauberkeitserziehung dazu. Fragen Sie im Kindergarten nach den Voraussetzungen. Wenn Ihr Kind bis zu einem bestimmten Zeitpunkt sauber sein soll, müssen Sie genau planen, wann Sie mit dem Training beginnen wollen. Doch denken Sie daran, dass bei Ihrem Kind die nötige Bereitschaft vorhanden sein muss, sonst kann sich der Prozess letztlich verzögern.

» Ich erkannte rasch, dass **»Unfälle«** dazugehören. Immer, wenn Luna einnässte, **versicherte** ich ihr, dass sie es das nächste Mal aufs Töpfchen schaffen würde. «

DAVID, Vater von Luna, knapp drei Jahre

4

Was zu erwarten ist

Bei manchen Kindern verläuft die Sauberkeitserziehung problemlos. Andere scheinen zwei Schritte vorwärts und einen zurück zu machen. Wenn Sie wissen, was Sie dabei erwartet, können Sie Ihr Kind auf diesem Weg unterstützen, sein Selbstvertrauen aufbauen und den ganzen Prozess als etwas Normales und Natürliches betrachten.

Alles über »Unfälle«

Der Erwerb der Blasenkontrolle stellt für Ihr Kind eine große Aufgabe dar. Wenn Sie wissen, was bei diesem Prozess geschehen kann, können Sie sich auf seine Bedürfnisse einstellen und auf die Erfordernisse reagieren.

Das Leben ist für Ihr Kind so aufregend, dass es manchmal vergisst, aufs Töpfchen zu gehen. »Unfälle« sind völlig normal und können aus vielerlei Gründen erfolgen. Die Folgen zu beseitigen ist unangenehm, doch wenn Sie gelassen bleiben, wird sich daraus kein Streitpunkt zwischen Ihnen und Ihrem Kind entwickeln.

Richtig reagieren

Ihr Kind wird während der Lernphase zweifellos immer wieder einmal einnässen. Wie Sie darauf reagieren ist von großer Bedeutung.

Natürlich fällt es schwerer, gelassen zu bleiben, wenn das Kind angezogen ist, man zu einer Feier aufbrechen will und plötzlich ein Bächlein an seinen Beinen herabfließt, als wenn ein Missgeschick kurz vor dem täglichen Bad geschieht. Doch je ruhiger Sie bleiben, umso weniger bedrohlich ist dieser Lapsus für Ihr Kind – und umso zuversichtlicher wird es sein, dass es ihm das nächste Mal gelingen wird, rechtzeitig auf den Topf zu kommen.

Was tun bei »Unfällen«?

- Bedauern Sie Ihr Kind – nasse Unterhosen sind unangenehm.
- Bleiben Sie sachlich – sagen Sie: »Lass uns eine frische Unterhose anziehen. Das nächste Mal denkst du daran, aufs Töpfchen zu gehen.«
- Wischen Sie die Pfütze auf.
- Fahren Sie mit der Sauberkeitserziehung fort – auch wenn Sie manchmal den Eindruck haben, dass sie sich endlos hinzieht. Wenn Sie Optimismus ausstrahlen, vermitteln Sie Ihrem Kind das Selbstvertrauen, das es für den Erfolg braucht.
- Vermeiden Sie Aufregung – »Unfälle» sind so unvermeidlich wie das Hinfallen beim Laufenlernen.
- Bestrafen Sie Ihr Kind nicht. Wenn Sie wütend werden, eine Erklärung einfordern oder eine Entschuldigung erwarten, wird Ihr Kind eingeschüchtert – ein Stillstand in der Sauberkeitserziehung kann die Folge sein.
- Lassen Sie es nicht zur Strafe in nassen Hosen – wenn Sie das Kind nicht umziehen, wirkt das verstörend und demütigend auf es.

Expertentipp

Die meisten Kinder sind zunächst tagsüber trocken und sauber, brauchen aber nachts noch eine Windel. Viele tragen auch während der Schlafenszeiten am Tag noch eine Windel. Das nächtliche Trockensein stellt eine große Schwierigkeit dar; erwarten Sie nicht zu früh, dass Ihr Kind diese Hürde nimmt (siehe S. 52–59).

Mein Kind kann aufs Töpfchen gehen, nässt aber immer wieder ein. Warum?

Beinahe jedes Kind hat gelegentliche »Unfälle«, bevor es tagsüber ganz trocken ist – schließlich sind seine Muskeln gerade erst so weit entwickelt, dass eine gewisse Kontrolle über Darm und Blase möglich ist. Es wird noch einige Zeit dauern, bis das Kind in der Lage ist, den Harn- oder Stuhldrang willentlich anzuhalten.

Mögliche Ursachen für das Einnässen

Wenn Ihr Kind häufig einnässt, ist es vielleicht noch nicht reif genug, um aufs Töpfchen zu gehen. In diesem Fall ziehen Sie ihm noch einige Wochen lang Windeln an und probieren es dann erneut. Meist nässt ein Kind jedoch aus anderen, ganz banalen Gründen ein. Wenn man diese Ursachen berücksichtigt, kann das Töpfchentraining fortgesetzt werden.

★ **Müdigkeit** Wenn Ihr Kind ein starkes Schlafbedürfnis hat, ist es sich seines Harndrangs kaum bewusst – und kann dieses Bedürfnis weniger gut aufschieben. Achten Sie darauf, dass es seine Schlafenszeiten einhält.

★ **Zu langes Abwarten** Manche Kinder warten bis zur letzten Minute, ehe sie den Topf suchen – hier ist eine gelegentliche Erinnerung Ihrerseits hilfreich.

»UNFÄLLE« SIND NICHT SCHLIMM
Es gibt viele Gründe für gelegentliches Einnässen. Machen Sie Ihr Kind rasch und umsichtig sauber. Trösten Sie es, wenn so ein »Unfall« passiert. Dann wirkt sich ein gelegentliches Malheur nicht nachteilig auf die Sauberkeitserziehung aus.

★ **Nervosität oder Aufregung** Wenn Ihr Kind aufgeregt ist oder sich auf eine neue Situation einstellen muss, kann dies die Blasenkontrolle beeinträchtigen. Häufig erfolgen solche »Unfälle« bei Kindergeburtstagen oder Wochenendausflügen.

★ **Konzentration** Wenn Ihr Kind tief in eine Aktivität versunken ist, ist ein Unfall wahrscheinlicher. Bleiben Sie in der Nähe, damit Sie es gelegentlich ans Töpfchen erinnern können.

★ **Koordinationsschwäche** Der Kampf mit Unterhose und Verschlüssen kann dazu führen, dass das Kind in letzter Minute einnässt. Seien Sie zur Stelle, falls Hilfe benötigt wird, und achten Sie darauf, dass Ihr Kind Kleidung trägt, die leicht abzustreifen ist.

★ **Druck** Ein eigenwilliges Kind verweigert den Töpfchengang vielleicht gerade deshalb, weil die Eltern zu sehr drängen.

★ **Stress** Jede bedeutende Veränderung im Leben Ihres Kindes – wie die Geburt eines Geschwisterchens, ein Umzug oder eine neue Betreuungsperson – kann einen zeitweiligen Rückschlag in der Sauberkeitserziehung mit sich bringen.

SCHLAF MUSS SEIN
Unfälle sind wahrscheinlicher, wenn das Kind müde ist und Schlaf braucht – behalten Sie die Uhr im Auge und achten Sie darauf, dass Ihr Kind seine Schlafenszeiten am Tage nicht verpasst.

Einkoten

Einkoten kann dieselben Ursachen haben wie das Einnässen. Durchfall oder Verstopfung können es dem Kind außerdem erschweren, den Stuhldrang zu kontrollieren.

★ **Weicher Stuhl** Wenn Ihr Kind weichen Stuhl hat, wird ihm der Stuhldrang kaum bewusst; dies kann der Fall sein, wenn es krank ist oder viel ballaststoffreiche Kost isst oder ungewöhnlich viel Fruchtsaft trinkt.

★ **Verstopfung** Bei Verstopfung (siehe S. 43) ist der Stuhlgang oft schmerzhaft. Vielleicht versucht das Kind ihn deshalb möglichst lange zu unterdrücken, bis er schließlich unkontrolliert abgeht.

GESCHÄFTIGE TAGE
Manchmal ist Ihr Kind so in sein Tun vertieft, dass es vergisst, auf die Toilette zu gehen.

»Charlotte war mehrere Monate lang trocken. Dann gab es einen »Unfall«. Sie meinte nur: ›Ich habe es vergessen.‹ Ich glaube, sie ist manchmal so in ihr Tun vertieft, dass sie tatsächlich alles ›vergisst‹!«

DENISE, Mutter von Charlotte, drei Jahre und drei Monate

• Nennen Sie es nicht »Baby« – das fördert kein »erwachsenes« Verhalten.

»Ich bin jetzt groß«

Wenn Ihr Kind erst einmal selbstverständlich auf den Topf geht, will es vielleicht auch die Toilette benutzen. Es erleichtert den Übergang, wenn die Toilette für das Kind bequem und sicher zu erreichen ist. Manche Kinder entwickeln Ängste hinsichtlich der Benutzung der Toilette (siehe S. 42). Es erfordert Zeit und Geduld, dem Kind zu helfen, eventuelle Befürchtungen zu überwinden. Ihre Ermutigung und Ihr Verständnis motivieren Ihr Kind und es wird versuchen, die Toilette zu benutzen.

Es ist sehr hilfreich, wenn Ihr Kind auch die Toilette benutzen kann, z.B. bei Ausflügen oder Besuchen (siehe S. 46–51). Für den Kindergartenbesuch ist es sogar Voraussetzung. Ihr Kind fühlt sich sicherer, wenn Sie einen speziellen Toilettensitz in Kindergröße auf die normale Toilettenbrille legen – dann braucht es noch einen standfesten Stuhl oder Hocker, damit es hinauf- und hinunterklettern kann (siehe S. 19). Auf den Hocker kann es auch die Füße stellen, wenn es auf der Toilette sitzt. Stellen Sie sicher, dass es das Toilettenpapier erreichen kann, und leiten Sie es an, nach der Toilettenbenutzung den Hocker zu

Expertentipp

Wenn einmal etwas auf den Teppich oder auf Möbelstücke geht, machen Sie es so rasch wie möglich sauber. Nachdem Sie Ihrem Kind saubere Hosen angezogen und den Stuhlgang in die Toilette gespült haben, waschen Sie die Stelle mit kaltem Wasser ab. Wischen Sie von der Mitte des Flecks nach außen. Wenn nötig, verwenden Sie Teppich- oder Polsterschaum.

verschieben, um sich am Waschbecken die Hände waschen zu können.

Tipps für Jungs

Anfangs setzt sich Ihr Sohn sicher gern zum Wasserlassen auf die Toilette – meist erfordert es etwas Übung, bis Jungen es auch im Stehen können. Bald aber will er es wahrscheinlich so machen wie sein Vater und die anderen Jungen im Kindergarten. Unterstützen Sie ihn dabei, indem Sie:

- dafür sorgen, dass sich der Toilettensitz sicher hochklappen lässt – wenn er herunterklappt, kann sich Ihr Kind verletzen.
- Bringen Sie ihm bei, vor dem Urinieren die Toilettenbrille hochzu- und danach wieder herunterzuklappen.
- Lassen Sie Ihren Sohn »Zielübungen« machen. Legen Sie »Schiffchen« aus Toilettenpapier in die Toilette, die er »versenken« soll. Dabei lernt er, den Urinstrahl auszurichten.

SCHNELL UMZIEHEN

Wenn etwas in die Hose geht, ziehen Sie Ihrem Kind rasch und ohne Aufregung saubere Kleidung an.

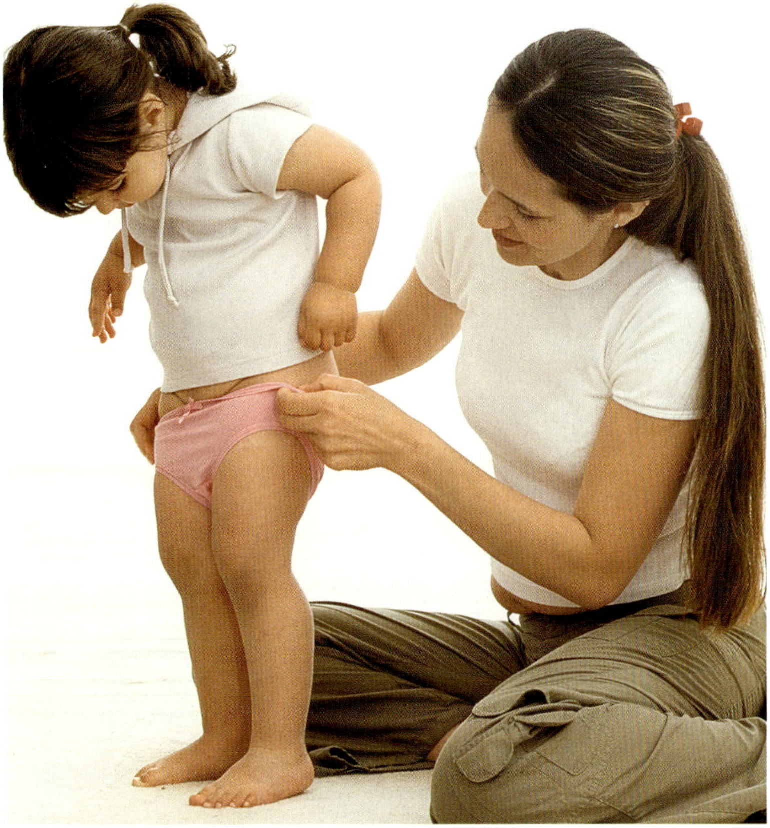

Harnwegsinfektionen

Manche Kinder machen infolge einer Erkrankung, z.B. einer Harnwegsinfektion, immer wieder in die Hose. Dies kommt bei Mädchen häufiger vor als bei Jungen und erschwert die Blasenkontrolle sehr. Wenn Ihr Kind gern aufs Töpfchen gehen würde, es aber nicht »anhalten« kann, oder schon eine Zeit lang trocken war und dann wieder einnässt, kann eine Erkrankung zugrunde liegen. Oft bestehen keine Symptome, manchmal hat das Kind jedoch auch:

- Fieber,
- Schmerzen beim Wasserlassen,
- Blut im Urin.

Harnwegsinfektionen müssen ärztlich behandelt werden; stellen Sie Ihr Kind daher bei einem Verdacht auf eine Infektion so bald wie möglich dem Kinderarzt vor.

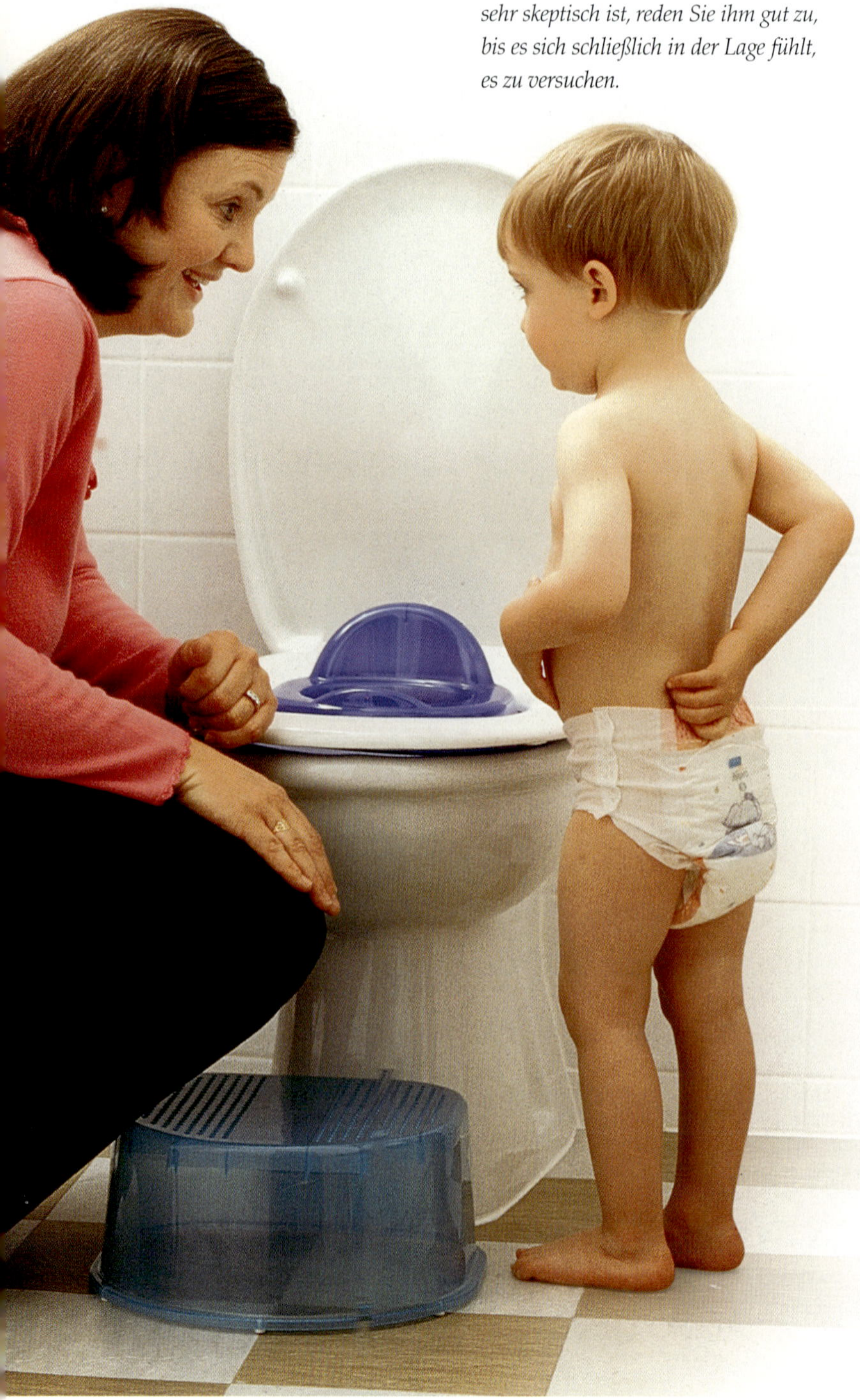

GUT ZUREDEN
Wenn Ihr Kind der Toilette gegenüber sehr skeptisch ist, reden Sie ihm gut zu, bis es sich schließlich in der Lage fühlt, es zu versuchen.

Expertentipp

Halten Sie immer einen Vorrat an sauberen Unterhosen in Reichweite. Bedenken Sie aber, dass auch die Oberbekleidung bei einem »Unfall« nass werden kann. Daneben sollten Sie auch Hosen zum schnellen Wechseln griffbereit haben.

- Halten Sie Ersatzkleidung und Lappen griffbereit – während der Übungsphase müssen Sie auf Spritzer vorbereitet sein.

Mögliche Ängste

- **»Ich mag das Klo nicht«**

Manche Kinder brauchen viel länger als andere, bis sie problemlos die Toilette benutzen. Oft gehen sie nur auf die Toilette, wenn es überhaupt keine andere Möglichkeit gibt, z.B. bei Bekannten. Es schadet Ihrem Kind nicht, wenn es weiterhin aufs Töpfchen geht – irgendwann wird es erkennen, dass alle anderen ganz selbstverständlich die Toilette benutzen. Dann erkennt es, dass es keinen Grund gibt, warum es dies nicht auch tun sollte. In der Zwischenzeit ermutigen Sie es; lassen Sie es zusehen, wie Sie und Ihr Partner auf die Toilette gehen. Wenn es einen Versuch wagen will, bleiben Sie in seiner Nähe und sprechen ihm gut zu. Das schenkt ihm Sicherheit.

- **»Ich will nicht stehen«**

Wenn Ihr Sohn nicht im Stehen Wasser lassen will, keine Sorge – natürlich darf er sich hinsetzen, bis er es doch im Stehen versuchen will. Wenn Sie ihn unter Druck setzen, werden seine Ängste nur verstärkt.

- **»Ich habe Angst vor dem Lärm«**

Auf viele Kinder wirkt die Wasserspülung beängstigend. Vielleicht will Ihr Kind deshalb nicht auf die Toilette gehen. Zwingen Sie es nicht, die Spülung selbst zu betätigen oder beim Spülen daneben zu stehen – dadurch werden Ängste nur verschlimmert. Es sollte die Toilette sofort verlassen dürfen. Gewöhnen Sie Ihr Kind schrittweise daran – betätigen Sie zunächst selbst die Spülung, wenn es in Hörweite, aber außerhalb der Toilette ist; dann bitten Sie es, im Flur stehen zu bleiben,

BITTE PLATZ NEHMEN
Ihr Sohn kann sich zum Wasserlassen auf die Toilettenbrille setzen, bis er es sich zutraut, es im Stehen zu versuchen.

Verstopfung – was tun?

Verstopfung kann verschiedene Ursachen haben; dazu zählen:

- zu viel Erfolgsdruck während der Sauberkeitserziehung,
- Angst vor der Benutzung der Toilette – vor allem außer Haus.

Was dabei geschieht

Je länger Ihr Kind keinen Stuhlgang hat, umso trockener und fester wird er. Der harte Stuhlgang kann nur schwer und unter Schmerzen ausgeschieden werden – was das Kind vermeiden will.

Was man tun kann

In der Regel lässt sich das Problem mithilfe der richtigen Kost und Veränderungen im Lebensstil lösen. Stellen Sie sicher, dass Ihr Kind viele Ballaststoffe zu sich nimmt – insbesondere frisches und getrocknetes Obst. Achten Sie darauf, dass es viel Flüssigkeit zu sich nimmt, vor allem Fruchtsäfte. Wichtig ist tägliche Bewegung an der frischen Luft. Der Stuhlgang wird erleichtert, wenn Sie am After Vaseline auftragen. Geben Sie Ihrem Kind keine Abführmittel, außer auf Verordnung des Arztes.

Wann ein Arztbesuch erforderlich ist

Wenn Ihr Kind vier bis fünf Tage lang keinen Stuhlgang hatte, wenn es Bauchschmerzen hat oder sich erbricht, oder wenn die oben beschriebenen Maßnahmen nicht ausreichen.

Es geht nur langsam. Wird meine Tochter je aus den Windeln herauskommen?

Wenn sich Ihr Kind beim Töpfchentraining viel Zeit lässt, fragen Sie sich vielleicht, ob es jemals aus den Windeln herauskommen wird. Vielleicht machen Sie sich sogar Sorgen, vor allem, wenn Sie erleben, dass das Ganze bei anderen Kindern viel schneller vor sich geht. Doch auch hier gilt: Jedes Kind hat sein eigenes Tempo – auch beim Töpfchentraining.

Bleiben Sie optimistisch

Lassen Sie nicht zu, dass Ihre Bedenken die Beziehung zu Ihrem Kind beeinträchtigen. Sie können es nicht zwingen, das Töpfchen zu benutzen. Stattdessen sollten Sie Folgendes beachten:

★ Denken Sie daran, dass die Sauberkeitserziehung kein Wettlauf ist – selbst Kinder, die schon Monate lang erfolgreich aufs Töpfchen gehen, haben gelegentlich einen »Unfall«.

★ Lassen Sie sich nicht beirren – die Sauberkeitserziehung sagt nichts über Ihre Fähigkeiten als Eltern aus.

★ Ignorieren Sie die Kommentare anderer Menschen – wenn nötig, erklären Sie, dass Ihre Tochter ihr eigenes Tempo hat und Sie volles Vertrauen in ihre Fähigkeiten haben.

★ Verbergen Sie Ihre wahren Gefühle – zeigen Sie mögliche Sorgen oder Unzufriedenheit Ihrem Kind gegenüber nicht. Das wäre nicht nur entmutigend, sondern Ihr Kind könnte vielleicht sogar versuchen, dadurch zumindest negative Aufmerksamkeit zu gewinnen, wenn es schon kein Lob bekommt.

INDIVIDUELLER FORTSCHRITT
Ihr Kind wird das Töpfchentraining meistern, wenn es reif dafür ist. Haben Sie Geduld und bleiben Sie zuversichtlich – auch Ihr Kind wird es lernen.

während Sie spülen; schließlich halten Sie seine Hand, während Sie spülen. Dank Ihrer Geduld und Ermutigung wird Ihr Kind erkennen, dass es nichts zu befürchten gibt.

- »Ich will eine Windel.«

Viele Kinder gehen zum Wasserlassen problemlos auf den Topf oder die Toilette, bestehen aber darauf, ihr großes Geschäft in die Windel zu verrichten. Wahrscheinlich empfinden sie dabei ein Gefühl der Sicherheit. Geben Sie dem Wunsch Ihres Kindes zunächst nach, lassen es aber gleichzeitig wissen, dass es jederzeit das Töpfchen oder die Toilette benutzen kann und dazu auch in der Lage ist. Sofern Sie keinen Druck erzeugen, wird Ihr Kind bald auf die Windeln verzichten.

AUFREGENDE ZEITEN
Die Aufregung bei einem Kindergeburtstag hat häufig einen »Unfall« zur Folge.

Fragen und Antworten

Meine Tochter ist zwei Jahre und zwei Monate alt und tagsüber schon seit einigen Wochen trocken, aber ihren Stuhlgang kann sie noch nicht kontrollieren. Sie weiß, wann sie in die Hose gemacht hat – sie sagt es mir. Ich dachte immer, Kinder werden sauber, ehe sie trocken werden?
Ihre Tochter ist sehr weit, wenn sie schon so früh trocken ist. Machen Sie sich keine Sorgen – mit der Zeit wird sie auch sauber werden. Loben Sie sie unterdessen für all ihre Erfolge und erinnern sie daran, dass sie das Töpfchen auch für den Stuhlgang benutzen kann. Beobachten Sie, wann sie normalerweise Stuhlgang hat – z.B. nach dem Mittagessen oder morgens nach dem Aufwachen; achten Sie auf mögliche Anzeichen und stellen den Topf bereit.

Natürlich bemühe ich mich, nicht wütend zu werden, wenn mein Sohn einnässt, aber allmählich verliere ich die Geduld. Ich verstehe es nicht, denn schließlich weiß er, wie man aufs Töpfchen geht. Manchmal würde ich ihn am liebsten anbrüllen. Was soll ich tun?
Die Sauberkeitserziehung erfordert viel Geduld Das gilt vor allem, wenn man meint, das Kind müsse es besser können. Vielleicht halten Sie Ihren Sohn für eigensinnig oder meinen, er wolle Sie ärgern. Oder Sie glauben, dass er für die Sauberkeitserziehung viel länger braucht als andere Kinder. Der Versuch, negative Gefühle zu unterdrücken, kann manchmal zusätzlichen Druck schaffen. Statt Ihren Gefühlen freien Lauf zu lassen und Ihr Kind anzubrüllen, sagen Sie ihm, wie Sie sich fühlen: »Mami ist heute schlecht aufgelegt, weil sie ständig eine Pfütze aufwischen musste.« Ihr Kind muss wissen, dass nasse oder schmutzige Hosen nichts Gutes sind – aber es sollte nicht das Gefühl bekommen, dass es ein ungehöriges Kind ist.

» Bis meine Tochter drei war, nahm ich **überallhin** ein Töpfchen mit. Meist **lächelten** die Leute, wenn Hanna auf einem Parkplatz oder in einer Seitenstraße darauf saß! «

JANA, Mutter von Hanna, drei Jahre

5

Unterwegs

»Unfälle« passieren während der Sauberkeitserziehung immer wieder – was die Aussicht auf Ausflüge wenig verlockend macht. Doch lassen Sie sich nicht davon abhalten, Ihr Kind zum Einkaufen oder zu Freunden mitzunehmen. Mit ein wenig Vorausplanung können solche Unternehmungen durchaus unproblematisch sein.

Vorausplanen

Sofern Ihr Kind den Töpfchengang nicht schon nach zwei Tagen beherrscht, werden Sie sich irgendwann entschließen müssen, mit ihm das Haus zu verlassen. In den ersten Tagen der Sauberkeitserziehung finden Sie es bei bestimmten Gelegenheiten – z.B. eine lange Autofahrt – vielleicht sinnvoll, Ihrem Kind wieder eine Windel anzulegen. Doch alltägliche Unternehmungen sind mit ein wenig Vorbereitung problemlos möglich.

Stellen Sie sich von vornherein auf ein Malheur ein, anstatt zu hoffen, dass nichts passieren wird. Nehmen Sie immer ein Töpfchen für unterwegs oder zumindest Ersatzkleidung zum Wechseln mit. Überlegen Sie im Voraus, wo sich der nächste öffentliche Wickelraum befindet. Andernfalls werden Sie wegen nasser Hosen möglicherweise umdrehen und wieder heimfahren müssen, noch bevor Sie Ihr Ziel erreicht haben.

Bei kleinen Kindern ist es sinnvoll, ein Töpfchen mitzunehmen. Bei einem älteren Kind bereitet es Ihnen vielleicht Unbehagen, es an einem öffentlichen Ort darauf zu setzen. Machen Sie Ihr Kind daher von klein auf mit öffentlichen Toiletten vertraut. Für den Fall, dass nur ein Baum oder Busch vorhanden ist, hinter dem man sich verstecken kann, bringen Sie Ihrem Kind früh bei, wie man im Freien Wasser lässt.

Langstreckenreisen

Solange Ihr Kind noch nicht völlig sauber ist, kann schon die Anreise in den Urlaub zu einem Abenteuer werden.

- In Flughäfen und Flugzeugen gibt es Toiletten – wenn nötig, bitten Sie vorgelassen zu werden, anstatt zu riskieren, dass Ihr Kind einnässt.
- Auf langen Autofahrten planen Sie Pausen ein, damit Ihr Kind in regelmäßigen Abständen auf die Toilette gehen kann.

Töpfchen auf Reisen

Nehmen Sie in der Anfangsphase der Sauberkeitserziehung immer, wenn Sie mit Ihrem Kind das Haus verlassen, ein Töpfchen mit. Es gibt auch Töpfchen für unterwegs, z.B.:

- Töpfchen, die sich zusammenlegen lassen und schnell aufgeklappt werden können – man legt Vlieseinlagen hinein, die die Ausscheidungen aufnehmen.
- Ein »Töpfchen-Trainer« mit Deckel und WC-Sitz – ideal für ältere Kinder, die schon die Toilette benutzen können; Sie können auch einen Toilettensitz für Kinder kaufen, der im Urlaub sehr praktisch ist.

Was mache ich beim Einkaufen, wenn mein Sohn auf die Toilette muss?

Es ist sicher sinnvoll, in der ersten Zeit der Sauberkeitserziehung in der Nähe der Wohnung zu bleiben; doch aus praktischen wie aus sozialen Gründen werden Sie mit Ihrem Kind bald auch ausgehen müssen. Mit ein wenig Vorausplanung können Sie sicherstellen, dass Ihr Sohn jederzeit eine Toilette erreichen kann.

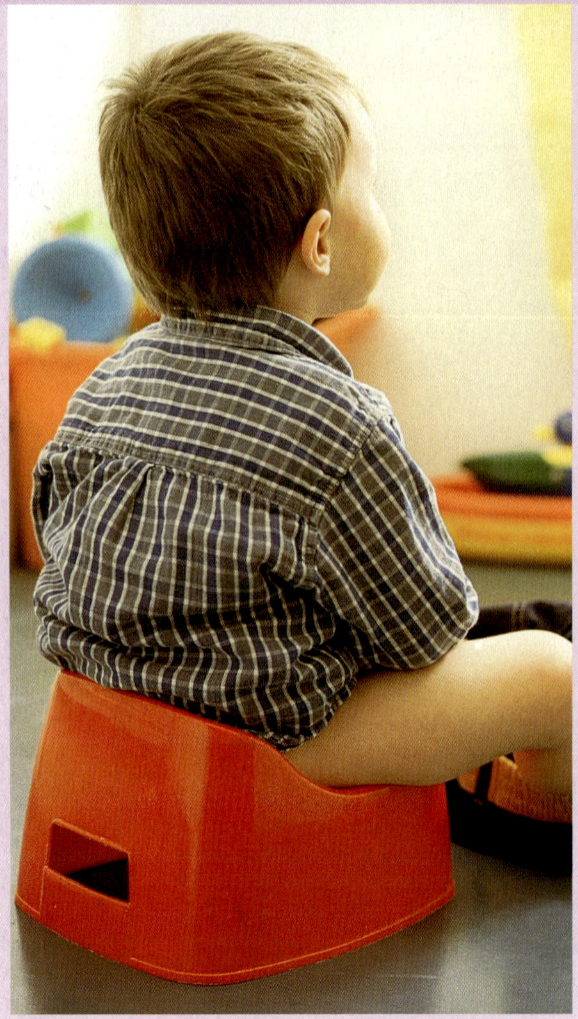

Tipps für unproblematische Ausflüge

Wenn Sie mit Ihrem Kind während der Sauberkeitserziehung außer Haus gehen, sollten Sie vorausplanen – und sich nichts daraus machen, wenn die Natur ihren Lauf nimmt!

★ Nehmen Sie immer ein Töpfchen mit – Ihr Kind kann es im Auto, im Park oder in einer ruhigen Seitenstraße benutzen.

★ Packen Sie einen Vorrat an Ersatzkleidung ein – denken Sie daran, dass vermutlich auch die Oberbekleidung Ihres Kindes nass wird; packen Sie daher auch Ersatzhosen und Röcke ein, nicht nur Unterhosen.

★ Halten Sie eine Packung Feuchttücher griffbereit, falls eine größere Säuberungsaktion ansteht.

★ Schützen Sie den Auto- und/oder Buggysitz mit einem gefalteten Handtuch und einer darunter liegenden Plastiktüte.

BEVOR SIE AUS DEM HAUS GEHEN

Bevor Sie einkaufen gehen, überlegen Sie, wann Ihr Kind das letzte Mal auf dem Töpfchen war, und bitten es, sich vor dem Weggehen nochmals draufzusetzen. Auf diese Weise bekommen Sie ein Gefühl dafür, wann es wieder nötig sein wird.

★ Bitten Sie Ihr Kind, vor dem Aufbrechen aufs Töpfchen zu gehen; drängen Sie aber nicht, wenn es sich weigert oder der Topf leer bleibt.

★ Überlegen Sie, wo sich die nächste öffentliche Toilette befindet ist, damit Sie im Bedarfsfall schnell handeln können.

★ Überlegen Sie, wann Ihr Kind das letzte Mal auf dem Töpfchen war; dann haben Sie ein Gefühl dafür, wann es wieder nötig sein wird.

Wenn die Natur ihren Lauf nimmt

★ Reagieren Sie so schnell als möglich, egal wie unpassend es gerade erscheinen mag.

★ Wenn Sie kein Töpfchen dabei haben oder die nächste öffentliche Toilette weit entfernt ist, gehen Sie ins nächste Schnellrestaurant.

★ Wenn viele Menschen vor der Toilette warten, erklären Sie, dass Ihr Kind dringend auf die Toilette muss und bitten sie, Sie vorzulassen. Die meisten Menschen werden dann verständnisvoll lächeln und Sie vorlassen.

★ Wenn Sie in einem Kaufhaus sind, fragen Sie, wo die nächste Toilette ist; wenn Sie ein Töpfchen dabei haben, können Sie Ihr Kind auch im Treppenhaus des Kaufhauses darauf setzen.

★ Wenn Sie sich in einem Gebäude ohne öffentliche Toiletten befinden, fragen Sie, ob Sie die Toilette für Mitarbeiter benutzen dürfen.

★ Wenn Sie in einem Park sind, gehen Sie mit Ihrem Kind hinter einen Baum.

★ Wenn Ihr Kind einnässt – oder einkotet –, bleiben Sie ruhig. Bringen Sie es an einen ruhigen Ort, wo Sie es sauber machen und umziehen können.

VORAUSPLANEN
Wenn Sie Ihr Kind zum Einkaufen mitnehmen, überlegen Sie zuvor, wo die nächste öffentliche Toilette ist, damit Sie sie im Bedarfsfall schnell aufsuchen können.

Expertentipp

Widerstehen Sie der Versuchung, Ihrem Kind unterwegs eine Windel anzulegen, weil es praktischer scheint. Ihr Kind erhält dadurch das falsche Signal. Wenn es Ihnen mit dem Töpfchentraining ernst ist, dürfen Sie Ihr Kind nicht verwirren, indem Sie Windeln verwenden, wenn es nicht unbedingt notwendig ist.

- Geben Sie Ihrem Kind keine kohlensäurehaltigen Getränke; sie regen die Blasenfunktion an.
- Getränke, z.B. Fruchtsaft, mögen Ihr Kind ruhig halten, aber die erhöhte Flüssigkeitszufuhr führt dazu, dass es häufiger auf die Toilette muss.
- Halten Sie in Ihrer Handtasche oder dem Amaturenfach Toilettenpapier und Wischtücher griffbereit.

Weg von zu Hause

Kleine Kinder fühlen sich manchmal in einer fremden Umgebung unwohl; das kann sogar einen Rückschritt in der Sauberkeitserziehung mit sich bringen. Vielleicht finden sie sich nicht zurecht oder die Toilette ist anderer Art als jene zu Hause. Bewältigen Sie mögliche Rückschläge, indem Sie:

- ein Töpfchen mitnehmen – der Urlaub ist zweifellos nicht der richtige Zeitpunkt, das Kind an die Toilette zu gewöhnen;

VORBEREITET SEIN *Stellen Sie sicher, dass Sie alles Erforderliche – Ersatzkleidung, Feuchttücher, Papiertücher – griffbereit haben, wenn Sie mit Ihrem Kind außer Haus gehen.*

»Ich habe Jenny von klein an ermutigt, die Toilette zu benutzen. Ihr gefiel es, »groß« zu sein. Weil sie gern auf eine öffentliche Toilette ging, waren Ausflüge kein Problem – heute ist es eine Lieblingsbeschäftigung von ihr, sie in Restaurants oder Kaufhäusern auszuspionieren.«

SUSANNE, Mutter von Jenny, dreieinhalb Jahre

- den Toilettensitz Ihres Kindes mitnehmen, wenn es zu Hause bereits auf die Toilette geht;
- gern dazu bereit sind, in der Toilette bei ihm zu bleiben.

Im Freien »Pipi machen«

Immer wieder kommt es vor, dass keine Toilette in der Nähe ist und Ihr Kind in der freien Natur Wasser lassen muss – sei es bei einem Picknick, bei dem einige Bäume in der Nähe sind, oder bei einer Autofahrt, bei der nur die Böschung am Straßenrand in Frage kommt.

Bei Jungen ist es hilfreich, wenn sie bereits im Stehen urinieren können – Ihr Sohn lernt es leichter, wenn er seinem Vater dabei zuschauen kann (siehe auch S. 41).

Bei Mädchen ist die Sache etwas schwieriger – Sie können Ihre Tochter in einer hockenden Position halten. Wenn sie es allein versuchen will, sollte sie ihre Unterhose ausziehen.

PRAKTISCHE EXTRAS
Für die Reise ist ein Töpfchen mit Vlieseinlage sehr praktisch.

AUF DER STRASSE
Wenn Ihr Kind im Auto auf die Toilette muss, halten Sie schnellstmöglich an.

Fragen und Antworten

Mein Mann will mit unserer dreijährigen Tochter wegfahren. Er überlegt sich, was er auf den öffentlichen Toiletten in den Raststätten machen soll. Kann er sie mit in die Herrentoilette nehmen?
In diesem Alter sollten Kinder nur in Begleitung eine öffentliche Toilette benutzen. Es ist zwar allgemein akzeptiert, dass Jungen und Mädchen mit ihrer Mutter oder einer weiblichen Betreuungsperson auf die Damentoilette gehen, und kleine Jungen mit ihrem Vater zu den Herren, doch für Väter mit Töchtern ist es schwierig. Inzwischen verfügen aber viele Restaurantketten und Tankstellen über Eltern-Kind-Räume bzw. Wickelräume, die sowohl Männer als auch Frauen benutzen können. Beim Verkehrsclub, z.B. beim ADAC, können Sie erfahren, wo es auf der Strecke entsprechende Örtlichkeiten gibt.

Wenn wir beim Einkaufen sind, hält mein Fünfjähriger sein Bedürfnis so lange an, bis wir heimkommen. Er geht einfach nicht auf eine fremde Toilette. Was kann ich tun, damit er sich daran gewöhnt, auch fremde Toiletten aufzusuchen?
Es kommt häufig vor, dass kleine Kinder sich in einer fremden Toilette unwohl fühlen. Älteren Kindern fehlt dort entweder die Intimität oder sie haben Angst, sich einzuschließen. Öffentliche Toiletten (auch in Schulen) sind oft ungepflegt. Doch es ist nicht gut, sein Bedürfnis längere Zeit »anzuhalten«; es kann auch Verstopfung verursachen. Gewöhnen Sie Ihren Sohn an verschiedene Toiletten, indem Sie gemeinsam auswärts WCs aufsuchen – bei einem Freund zu Hause, in einem Kaufhaus, in einer Bücherei. Zuerst muss er die Toilette nicht benutzen – er soll sich nur umschauen. Wenn er später die Toilette benutzt, bleiben Sie bei ihm. Allmählich gewöhnt er sich an fremde Toiletten, an unterschiedliche Spülungen und Türverriegelungen und traut sich mit der Zeit, auch allein eine fremde Toilette zu benutzen.

» Obwohl Lea den ganzen Tag über trocken ist, macht sie noch mindestens jede zweite Nacht ihre Windel nass. Ich **warte noch ein wenig** und versuche dann, ob es auch **nachts** ohne Windel geht. «

HELENA, Mutter von Lea, knapp drei Jahre

6

Nachts trocken bleiben

Ihr Kind ist nun den ganzen Tag über trocken – und Sie genießen beide die Freiheit dieses windelfreien Lebens. Bis seine Blase ganz ausgereift ist, braucht es nachts noch Windeln. Aber wenn Sie auf die Anzeichen achten, werden Sie feststellen, dass es irgendwann vor seinem vierten Geburtstag auch nachts auf die Windel verzichten kann.

Der nächste Schritt vorwärts

Damit Ihr Kind auch nachts trocken bleibt, muss die Kontrolle über die Schließmuskulatur weiter ausgereift sein. Manche Kinder brauchen auch während der Schlafenszeiten am Tag noch Windeln, obwohl sie eigentlich trocken sind. Sobald die Blase größer und kräftiger wird, kommt das Kind die ganze Nacht ohne Wasserlassen aus – oder es wacht auf, weil es den Harndrang verspürt, und geht auf den Topf oder die Toilette.

Manche Kinder entscheiden irgendwann, dass Windeln etwas für Babys sind, und verzichten von selbst darauf. Bei anderen gilt es, die Anzeichen für die erforderliche Reife zu erkennen. Die meisten Kinder sind mit etwa vier Jahren nachts trocken.

Doch auch nachts wird es immer wieder »Unfälle« geben. Wenn Sie die Matratze mit einer wasserdichten Unterlage schützen und einen Vorrat an trockener Nachtwäsche und Bettlaken griffbereit halten, können Sie und Ihr Kind rasch wieder weiterschlafen. Wenn Ihr Kind auch zum Zeitpunkt der Einschulung noch gelegentlich nachts einnässt, machen Sie sich keine Sorgen – es gibt viele Möglichkeiten, es beim Trockenwerden zu unterstützen.

Ist es bereit?

Auch wenn Ihr Kind sein Bedürfnis tagsüber aufschieben kann, bis es aufs Töpfchen kommt, bedeutet dies nicht, dass es die Blase auch nachts kontrollieren kann. Denn die Schlafenszeit dauert lange – es erfordert eine kräftige Blase, den Urin zehn bis zwölf Stunden lang zu halten. Das Kind ist anfangs nicht in der Lage, auf das Signal der Blase, dass sie voll ist, zu reagieren. Bis die Blase weiter ausgereift ist, wird das Kind nachts einnässen, ohne sich dessen bewusst zu sein. Es dauert noch einige Monate, bis die Blase ausgereift ist.

Expertentipp

Windelhersteller bieten spezielle Windeln für größere Kinder an, die aus den Kleinkindgrößen herausgewachsen sind, aber nachts immer noch einen sicheren Schutz brauchen.

Wie können Sie wissen, wann das Kind reif genug ist, um nachts auf die Windeln zu verzichten? Manche Kinder, meist ältere, entscheiden dies selbstständig. Das bedeutet aber nicht zwangsläufig, dass es klappt.

Verzichten Sie nicht zu früh auf Windeln. Warten Sie ab, bis Sie folgende Anzeichen feststellen:

- Ihr Kind hat morgens beim Aufwachen regelmäßig eine trockene Windel.
- Es muss tagsüber drei bis vier Stunden lang kein Wasser lassen.
- Gelegentlich wacht es nachts auf, weil es Wasser lassen muss.

Mein Sohn braucht tagsüber keine Windeln. Wann wird er nachts trocken sein?

Sobald Ihr Sohn tagsüber keine Windeln mehr braucht, besteht der nächste große Schritt darin, auch nachts trocken zu bleiben. Auch wenn es im Moment noch unrealistisch erscheint, wird seine Entwicklung bald so weit fortgeschritten sein, dass er den Urin bis morgens anhalten kann und nachts keine Windel mehr braucht.

Was Sie erwartet

Zwar werden einige wenige Kinder auch nachts »automatisch« sauber, sobald sie tagsüber die Blasen- und Darmkontrolle erlangt haben, doch die meisten Kinder müssen einige Zeit lang nachts noch eine Windel tragen. Wenn Ihr Kind tagsüber noch etwa alle zwei Stunden Wasser lassen muss und morgens beim Aufwachen immer eine nasse Windel hat, wird es wahrscheinlich ins Bett machen, wenn Sie es nachts schon ohne Windel hinlegen würden.

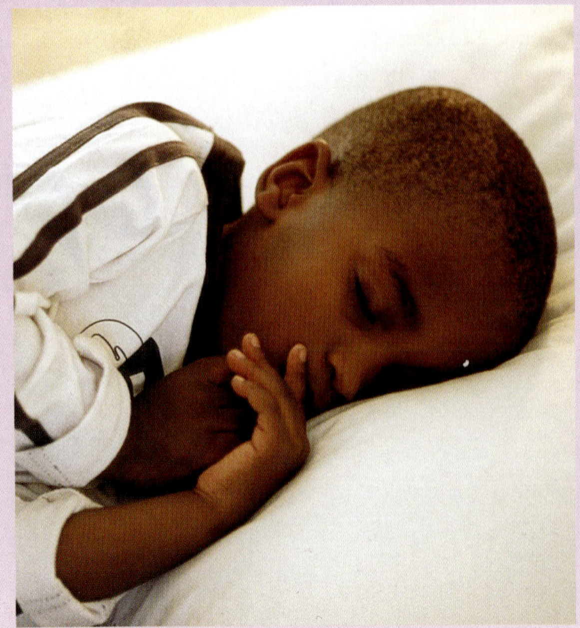

Der Weg zum Trockenbleiben

Sie können Ihrem Sohn nicht beibringen, den Urin bis morgens anzuhalten – er kann es erst, wenn die Blase weiter ausgereift ist. Daher gibt es wenig, was Sie tun können, um diesen Prozess zu beschleunigen. Achten Sie stattdessen auf Anzeichen des Trockenseins (siehe S. 53) und üben Sie keinesfalls irgendwelchen Druck aus, der Ihr Kind einschüchtern könnte. Mit vier Jahren wird Ihr Sohn mit hoher Wahrscheinlichkeit trocken sein. Es gibt aber auch viele Fünfjährige, die immer noch gelegentlich einnässen.

SÜSSE TRÄUME
Machen Sie kein Problem daraus, wenn Ihr Kind nachts noch nicht trocken ist. Das würde die Sache nur erschweren. Sobald die Blasenfunktion ausgereift ist, wird Ihr Kind auch nachts keine Windel mehr brauchen.

Windelfreie Nächte

Wenn die erforderlichen Anzeichen erkennbar sind, können Sie das nächtliche Trockenbleiben auf verschiedene Weise unterstützen.

- Stellen Sie sicher, dass sich Ihr Kind wohl fühlt, wenn es nachts ohne Windel schläft – es muss emotional wie körperlich dazu bereit sein.
- Zeigen Sie Ihrem Kind, dass es eine wasserdichte Unterlage im Bett hat und es nicht schlimm ist, wenn es nachts einnässt.
- Stellen Sie ein Töpfchen bereit, falls es aufwacht und Wasser lassen muss.
- Bringen Sie in seinem Zimmer ein Nachtlicht an, damit es sich orientieren kann, wenn es aufwacht und aufs Töpfchen gehen muss.
- Sagen Sie ihm, dass es Sie jederzeit rufen kann – viele Kinder haben Angst, wenn sie nachts aufwachen.

Expertentipp

Wenn Ihr Kind einnässt, saugt sich die Matratze voll und trocknet nur schwer – außerdem setzt sich der Geruch fest. Schützen Sie die Matratze mit einer wasserdichten Einlage in der Größe des Bettes oder einem speziellen wasserdichten Laken und erklären Sie Ihrem Kind, wozu diese Maßnahme dient.

VORSICHTSMASSNAHMEN TREFFEN
Sprechen Sie mit Ihrem Kind darüber, wie es wäre, wenn es nachts keine Windel tragen würde. Zeigen Sie ihm, wie Sie seine Matratze durch eine spezielle Unterlage schützen und es daher nicht schlimm ist, wenn es einnässt.

NÄCHTLICHE »UNFÄLLE«
Es ist einem Kind oft sehr peinlich, wenn es nachts aufwacht und feststellt, dass es nass ist. Versichern Sie ihm, dass es keine Schuld hat und dass diese Phase des Einnässens vorübergehen wird.

»Georg trug nachts immer noch eine Windel. Als er vier wurde, schlug ich ihm vor, dass er es einmal ohne versuchen sollte und stellte ihm dafür eine kleine Belohnung in Aussicht. Den ersten Erfolg gab es erst nach einigen Nächten, aber nach zwei Wochen war er trocken und seitdem gab es keinen Rückfall mehr.«

DOROTHEE, Mutter von Georg, inzwischen fünf Jahre

Außerdem ist es wahrscheinlicher, dass Ihr Kind rechtzeitig aufs Töpfchen kommt, wenn Sie ihm helfen.

- Erinnern Sie es vor dem Schlafengehen daran, aufs Töpfchen zu gehen.

Verhalten bei »Unfällen«

Anfangs wird Ihr Kind nachts immer wieder einnässen; Jungen sind davon stärker betroffen. Meist geschieht es zwei- bis dreimal in der Woche, wird aber immer seltener, bis das Bettnässen im Alter von fünf Jahren der Vergangenheit angehört. Bis dahin sollten »Unfälle« als etwas Normales betrachtet werden. Am besten verhält man sich folgendermaßen:

- Bleiben Sie ruhig – wenn Sie wütend oder besorgt sind, wird Ihr Kind eingeschüchtert; dies kann sich wiederum auf seine Fähigkeit, nachts die Blase zu kontrollieren, auswirken.
- Halten Sie einen Schlafanzug und ein Ersatzlaken griffbereit; dann können Sie Ihr Kind umziehen und das Bett frisch überziehen.
- Sagen Sie Ihrem Kind, dass diese Phase vorübergeht und es bald ganz trocken sein wird.

Wenn es kein Interesse zeigt

Manche Kinder haben kein Problem damit, nachts weiterhin Windeln zu tragen, vor allem, wenn auch die Eltern nichts dagegen haben. Andere haben Angst, ihr Bett nass zu machen, und trauen sich nicht zu, die ganze Nacht ohne Windeln durchzuhalten. Wenn Sie glauben, dass Ihr Kind nachts trocken bleiben könnte, müssen Sie es eventuell motivieren.

Sie können z.B. eine besondere Belohnung in Aussicht stellen. Dabei müssen Sie jedoch betonen, dass es nichts ausmacht, wenn das Bett nass wird – Ihr Kind darf es in der folgenden Nacht erneut versuchen. Ein neuer Schlafanzug oder neue Bettwäsche untermauern das Gefühl, »groß« zu sein. Versichern Sie Ihrem Kind gleichzeitig, dass es nichts ausmacht, wenn die neuen Sachen nass werden.

Stress und Bettnässen

Manchmal nässt ein Kind wieder ein, obwohl es schon trocken war. Oft ist Stress die Ursache. Dabei können verschiedene Faktoren eine Rolle spielen, z.B. die Geburt eines Geschwisterchens, ein Umzug oder ein Krankenhausaufenthalt.

Wenn die Gründe für das Bettnässen offensichtlich sind, wirken oft schon ein wenig zusätzliche Aufmerksamkeit und viel Geborgenheit – auch wenn es ein wenig dauern mag, bis Veränderungen deutlich werden. Wenn Sie nicht wissen, wodurch das Problem verursacht wird, sprechen Sie mit der Erzieherin bzw. Betreuungsperson Ihres Kindes oder dem Kinderarzt. Vielleicht wissen sie, was Ihr Kind belastet und wie man Abhilfe schaffen könnte.

DAS TÖPFCHEN STEHT BEREIT
Es gibt Ihrem Kind Sicherheit, wenn Sie das Töpfchen neben das Bett stellen und ein Nachtlicht brennen lassen; auf diese Weise wird es nachts leichter trocken.

Spätes Einnässen

Es kommt vor, dass ein Kind noch im Alter von fünf Jahren regelmäßig ins Bett macht. Medizinisch spricht man in diesem Fall von Enuresis oder Bettnässen; etwa jeder sechste Fünfjährige, in erster Linie Jungen, ist davon betroffen. Oft besteht in solchen Fällen eine familiäre Vorbelastung des Bettnässens.

Wenn Ihr Kind nach dem fünften Geburtstag weiterhin häufig das Bett einnässt, wenden Sie sich an den Kinderarzt, um mögliche körperliche Ursachen, wie eine Harnwegsentzündung, die mit Antibiotika behandelt

werden kann, auszuschließen. Gewöhnlich geht das Bettnässen bei älteren Kinder auf eine verzögerte Entwicklung der Blasenkontrolle zurück; bis zum siebten Lebensjahr ist das Problem meist »ausgewachsen«.

Für ältere Kinder gibt es spezielle Windelhöschen; sie werden wie Unterhosen getragen, haben aber eine Vlieseinlage. Diese Windelhöschen kann das Kind selbst anlegen.

Was man tun kann

Sie können Ihrem Kind auf vielfältige Weise Sicherheit vermitteln und ihm helfen, auch nachts trocken zu werden.

- Zeigen Sie ihm, dass Sie Verständnis haben, und versichern Sie ihm, dass es keine Schuld hat.
- Wenn Ihr Kind vor dem Schlafengehen etwas trinkt, achten Sie darauf, dass es nicht allzu viel Flüssigkeit zu sich nimmt.
- Achten Sie darauf, dass es vor dem Zu-Bett-Gehen auf die Toilette geht.
- Motivieren Sie es mit kleinen Belohnungen, wenn es eine Nacht lang trocken geblieben ist.

AUFWECKEN UND AUF DIE TOILETTE SETZEN

Wenn Ihr Kind schon älter ist und lernen will, nachts trocken zu bleiben, können Sie es aufwecken und auf die Toilette setzen, bevor Sie zu Bett gehen.

- Wenn Ihr Kind schon älter ist, wecken Sie es, bevor Sie selbst schlafen gehen, damit es noch einmal auf die Toilette geht.
- In manchen Fällen kann auch der Einsatz einer Klingelhose oder Klingelmatratze helfen. Bei diesen Hilfsmitteln erklingt jedes Mal ein Alarm, sobald das Bett oder die Hose nass wird. In der Folge wacht das Kind auf und kann dann auf die Toilette gehen. Bei vielen Kindern hat sich diese Methode als erfolgreich erwiesen. Am besten, Sie stellen gleichzeitig noch eine kleine Belohnung für trockene Nächte in Aussicht. Wenden Sie sich an den Kinderarzt, falls Sie gerne eine dieser Methoden einsetzen würden.

SCHLUMMERTRUNK
Ein Getränk zum Einschlafen wirkt sich nicht nachteilig auf die Blasenkontrolle aus. Das Fassungsvermögen der Blase passt sich der Flüssigkeitsmenge, an die sie gewöhnt wird, an.

Fragen und Antworten

Meine Tochter trinkt vor dem Schlafengehen noch ein Glas Wasser. Bleibt sie eher trocken, wenn sie darauf verzichtet?
Auch wenn es einleuchtend klingt, so ist die Beschränkung der Flüssigkeitszufuhr am Abend nicht ausschlaggebend dafür, dass ein Kind nachts trocken bleibt. Geben Sie Ihrem Kind immer zu trinken, wenn es durstig ist – es hat keinen Einfluss auf die Fähigkeit der Blasenkontrolle. Die Kapazität der Blase passt sich der zugeführten Flüssigkeitsmenge an. Trinkt das Kind immer wenig, entsteht bereits bei wenig gefüllter Base ein Harndrang. Sobald die Blasenfunktion Ihrer Tochter ausgereift ist, spielt es keine Rolle, wie viel sie trinkt – geben Sie ihr aber keine kohlensäurehaltigen oder koffeinhaltigen Getränke und keine Milch. Der Milchzucker greift den Zahnschmelz an.

Meine Freundin weckt ihre Dreijährige immer, bevor sie abends ins Bett geht, und bringt sie zur Toilette. Ist das empfehlenswert?
Viele Eltern versuchen, so nächtlichem Einnässen vorzubeugen. Vielleicht vermeiden Sie damit gelegentlich ein nasses Laken, doch der Blasenkontrolle dient es nicht. Das Kind ist nur halbwach und sich kaum bewusst, was es tut. Außerdem wird es dabei zu etwas angeleitet, das es gar nicht tun soll. Eigentlich möchten Sie ja erreichen, dass es dieses Bedürfnis bis morgens unterdrücken kann bzw. deswegen selbstständig aufwacht und auf die Toilette geht. Wenn das Hintragen die einzige Möglichkeit darstellt, »Unfälle« zu verhindern, ist die Blasenfunktion vermutlich noch nicht ausgereift genug, um die ganze Nacht ohne Wasserlassen auszukommen. Dieses Vorgehen kann jedoch bei einem älteren Kind hilfreich sein – wenn es fünf oder sechs Jahre alt ist und sich sehr bemüht, nachts trocken zu bleiben. In diesem Fall wecken Sie es auf, damit es selbst spüren kann, dass es eine volle Blase hat.

Sauberkeitserziehung

Hier erfahren Sie, was Sie in welchem Alter erwarten und wie Sie Ihr Kind unterstützen können. Für die Sauberkeitserziehung gilt, wie für jeden Entwicklungsbereich, dass jedes Kind die erforderliche Reife in seiner eigenen Zeit erlangt.

Alter des Kindes	Die Entwicklung Ihres Kindes	Was zu erwarten ist
Bis 18 Monate	Die Nervenbahnen, die die Blase und den Darm des Kindes mit dem Gehirn verbinden, sind noch nicht vollständig ausgereift.	Ihr Baby entleert Darm und Blase automatisch als Reflexhandlung und ist sich dessen nicht bewusst.
18 Monate	Die Nervenbahnen, die die Blase und den Darm mit dem Gehirn verbinden, sollten vollständig entwickelt sein.	Ihr Kind entwickelt allmählich ein gewisses Maß an Kontrolle über die Darm- und Blasentätigkeit – die Windeln bleiben häufiger trocken; das Kind wird sich der Ausscheidungsvorgänge bewusst.
Zwei bis drei Jahre	In dem Maße, wie sich Blasen- und Darmmuskulatur kräftigen, steigt die Fähigkeit, das Bedürfnis aufzuschieben.	Ihr Kind möchte Ihnen Freude machen und will Sie imitieren; es kann einfache Anweisungen befolgen, verfügt über ein gewisses Koordinationsvermögen und strebt zunehmend nach Selbstständigkeit.
Drei bis fünf Jahre	Ihr Kind verfügt über eine ausreichende Kontrolle über Blase und Darm, um sein Bedürfnis längere Zeit anhalten zu können; es wacht nachts vielleicht auf, weil es eine volle Blase spürt.	Ihr Kind ist in der Lage, auch nachts auf die Windeln zu verzichten; stellen Sie sich aber in der Anfangsphase auf »Unfälle« ein.

Was Sie tun können

Führen Sie beim Wickeln Wörter wie »Pipi machen« und »Aa machen« ein; bleiben Sie auch angesichts schmutziger Windeln gefasst. Lassen Sie Ihr Kind zusehen, wie Sie und Ihr Partner die Toilette benutzen.

Machen Sie Ihr Kind mit dem Töpfchen vertraut, aber erwarten Sie nicht, dass es schon mit der Töpfchentraining beginnen kann.

Beginnen Sie das Töpfchentraining – aber erwarten Sie nicht zu früh zu viel. Anfangs wird es viele »Unfälle« geben.

Bleiben Sie ruhig und entspannt, um die Zuversicht Ihres Kindes, dass es die Aufgabe meistern wird, zu stärken. Bei älteren Kindern wirken kleine Belohnungen oft unterstützend.

Hilfreiche Adressen

Deutscher Familienverband
Luisenstr. 48
10117 Berlin
Tel.: 030/30882960
www.deutscher-familienverband.de

Pro Familia (Bundesverband)
Stresemannallee 3
60596 Frankfurt/Main
Tel.: 069/639002
www.profa.de

Arbeitsgemeinschaft für Erziehungshilfe (AFET) e.V.
Bundesvereinigung
Osterstr. 27
30159 Hannover
Tel.: 0511/353991-3
www.afet-ev.de

Zentrum für Entwicklungsneurologie und Frühförderung im Dr. von Haunerschen Kinderspital der Universität München
Lindwurmstr. 4
80337 München
Tel.: 089/51602881
Fax: 089/51604903

Bundeskonferenz für Erziehungsberatung (BKE)
Herrnstr. 53
90763 Fürth
Tel.: 0911/97714-0
Fax: 0911/745497
www.bke.de

Bundesarbeitsgemeinschaft Elterninitiativen e.V.
Geschäftsstelle München
Einsteinstr. 111
81675 München
Tel.: 089/4706503
Fax: 089/419028838
www.bage.de

Deutsche Gesellschaft für seelische Gesundheit in der frühen Kindheit (GAIMH)
Dr. phil Mauri-Fries
Universitätsklinikum Ulm/KJPP
c/o Weiterbildungsprojekt Berlin
Rudolf-Mosse-Str. 9
14197 Berlin
Tel.: 030/89733854
Fax: 030/89733856
www.gaimh.de

Kindernetzwerk für kranke und behinderte Kinder und Jugendliche
Hanauerstr. 15
63739 Aschaffenburg
Tel.: 06021/12030
www.kindernetzwerk.de

Österreich

Österreichischer Familienbund
Maria-Theresia-Str. 212
3100 St. Pölten
Tel.: 01/274277304
www.familienbund.at

Gesellschaft für die seelische Gesundheit in der frühen Kindheit e.V.
Geschäftsstellenleitung: Frau Marguerite Dunitz-Scheer
Universitätsklinik für Kinder- und Jugendheilkunde
Auenbruggerplatz 30
A-8036 Graz

Eltern-Kind-Zentrum
Gilgegasse 15
1090 Wien
Tel.: 01/4069775

Österreichs unabhängiges Gesundheitsweb: www.netdoctor.at
Österreichische Gesellschaft für Kinder- und Jugendheilkunde:
www.kinderundjugendheilkunde.at

Schweiz

Verein Mütterhilfe
Badenerstr. 18
8004 Zürich
Tel.: 01/2416343
Fax: 01/2910512

Pro Familia Schweiz
Marktgasse 36
3011 Bern
Tel.: 031/3819030
Fax: 031/3819131
www.profamilia.ch

»Mobile« – Beratungs- und Kontaktstelle für Eltern mit Kleinkindern
Rosenbergstr. 82
9000 St. Gallen
Tel.: 071/2271175
Fax: 071/2271176

Schweizerische Vereinigung der Elternorganisationen
Fliederstr. 9
8908 Hedingen
Tel./Fax: 01/7618323
www.sveo.rat.ch

Register

Dank

Dorling Kindersley bedankt sich bei Sally Smallwood und Ruth Jenkinson für die Fotos und bei Sue Bosanko für die Erstellung des Registers.

Models Rachana und Arianne Shah, David mit Maya Bowles, Naginder mit Gobind Jahal, Lily Rose Spick, Jo mit Jade Sollinger, Familie Thompson, Isaac Clyne, Ivor mit Ruby Baddiel, Thea Collins, Sharon mit Marcus Gunn, Paul mit Oscar Ford, Aimee Morland, Jenny mit Baobao Cao, Nicolette mit Marta Comand, Familie Reilly, Ria Shah, Mark mit Sophira Norr, Maureen und Janis Lopatkin mit Mia Schindler, Harvey Barron, Lucas Mtfolo, Tom Orchard, Familie Lou-Fong

Frisuren und Make-up Victoria Barnes, Louise Heywood, Susie Kennett, Amanda Clarke

Bildrecherche Anna Bedewell

Bilddokumentation Romaine Werblow

Bildnachweis
Dorling Kindersley bedankt sich bei folgenden Personen und Agenturen für die freundliche Genehmigung zum Abdruck ihrer Fotos:
14: ImageState/Pictor: Robert Llewellyn; 15: Getty Images: Britt Erlanson.

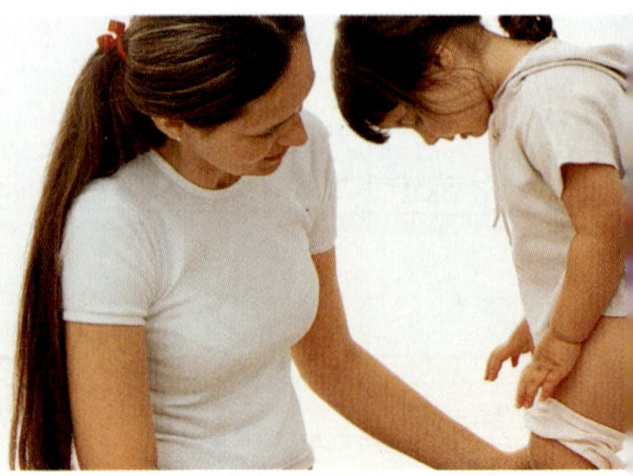